海客述奇

—— 中國人眼中的維多利亞科學

吳以義 著

三民書局

國家圖書館出版品預行編目資料

海客述奇：中國人眼中的維多利亞科學／吳以義著．
－－初版一刷．－－臺北市；三民，2002
面；　公分－－(文明叢書)

ISBN 957-14-3688-7　(平裝)

1.英國-文化 2.英國-描述與遊記

741.3　　　　　　　　　　　　　　　　　91018099

網路書店位址　http：// www. sanmin. com. tw

© 海 客 述 奇
── 中國人眼中的維多利亞科學

著作人　吳以義
發行人　劉振強
著作財　三民書局股份有限公司
產權人　臺北市復興北路三八六號
發行所　三民書局股份有限公司
　　　　地址／臺北市復興北路三八六號
　　　　電話／二五○○六六○○
　　　　郵撥／○○○九九九八──五號
印刷所　三民書局股份有限公司
門市部　復北店／臺北市復興北路三八六號
　　　　重南店／臺北市重慶南路一段六十一號
初版一刷　西元二○○二年十一月
　編　號　S 30008
　基本定價　貳元捌角
行政院新聞局登記證局版臺業字第○二○○號

ISBN　957-14-3688-7　(平裝)

文明叢書序

　　起意編纂這套「文明叢書」，主要目的是想呈現我們對人類文明的看法，多少也帶有對未來文明走向的一個期待。

　　「文明叢書」當然要基於踏實的學術研究，但我們不希望它蹲踞在學院內，而要走入社會。說改造社會也許太沉重，至少能給社會上各色人等一點知識的累積以及智慧的啟發。

　　由於我們成長過程的局限，致使這套叢書自然而然以華人的經驗為主，然而人類文明是多樣的，華人的經驗只是其中的一部分而已，我們要努力突破既有的局限，開發更寬廣的天地，從不同的角度和層次建構世界文明。

　　「文明叢書」雖由我這輩人發軔倡導，我們並不想一開始就建構一個完整的體系，毋寧採取開放的系統，讓不同世代的人相繼參與，撰寫和編纂。長久以後我們相信這套叢書不但可以呈現不同世代的觀點，甚至可以作為我國學術思想史的縮影或標竿。

2001 年 4 月 16 日

自　序

　　鴉片戰爭以來，西學成了中國歷史發展的一個新的，但卻至關重要的因素，曾國藩稱千年未有的變局。以後的洋務自強、禦辱圖存、變法、革命、五四至於今日數十萬人遊學海外，無一不與西學密切關聯。百多年來西學在中國傳播擴散，影響深入到了政治、經濟、社會、文化的各個層面。

　　這本小說講述的是一個偉大過程的一個片段、一個方面。時間選在同治光緒年間，即 1865 ～ 1880 年，屆時國人接觸西學之初；地點選在英國，是為當時西洋發達的首善之地；主人翁是七、八位中國的讀書人；而主題卻是這些人對科學觀念及其技術應用的反應。

　　近代科學是西歐基督教文明的產物。和任何一種思想體系一樣，科學觀念和西洋文化有著深刻的不可須臾或分的聯繫。科學又是近代技術發展的基礎，而技術作為物化了的觀念，又以物質力量向外傳播擴散，逼使所有人，不論文化背景、社會地位、

性情喜惡，必須面對這一擴張。這和當年佛教傳入中國的情形不太一樣。同光年間中國士人所遭遇的，就是這種物化了的外來文化，願與不願，識與不識，必須與之周旋；而他們賴以或者對抗拒絕或者消化吸收這種外來文化的，則是行了數千年的傳統和聖賢的教導。中國士人對科學技術的反應因此成了這兩種迥然不同的文化最初接觸、相互搏擊的一個特別令人注目的關節。

這本小說就是想透過這些人的眼睛，看看維多利亞英國得以傲視同儕稱霸全球的科學以及與之相聯繫的觀念，看看這些科學觀念從一個文化進入另一個認知結構完全不同的文化時最初的情形。材料全部取自他們的日記，而且常直錄原文，文字並不艱深，讀者可以透過自己的咀嚼，嚐到原味。本書作者不敢妄稱研究，但似乎由此可以躲過「束書不觀，遊談無根」的惡名，可以對嚴師畏友交代了。

本書寫作出於林富士兄的推動，內子也時時有所幫助，特此致謝。本書出版，正逢家母八八華誕，謹以為壽。先前曾以關於庫恩的規範理論研究和牛頓的學術傳記祝嘏，均以過於枯燥而未博慈顏一粲，而這次力矯前衍，並頌吾母更登期頤。

海客述奇

—— 中國人眼中的維多利亞科學

文明叢書序

自　序

引　言　1

離開父母之邦去事奉鬼佬的人們　7

毓阿羅奇格爾家定司 (Zoological Gardens)
萬獸園　33

羅亞爾阿伯色爾法多里 (Royal Observatory)

天文臺　57

羅亞爾蘇賽意地 (Royal Society)
皇家學會　83

鏗密斯脫利 (Chemistry)
化　學　105

波斯阿非司－得利喀納福 (Post Office-Telegraph)
郵電局　129

播犁地士母席庵 (British Museum)
大英博物館　155

結　語　175

致　謝　181

引　言

　　1877 年 1 月 25 日下午，小雨初霽，郭嵩燾帶著譯員張德彝走上倫敦街頭。郭是慈禧、慈安太后欽點的欽差大臣，中國首任駐英大使，三天前才到倫敦就任。旅途勞頓，諸事繁忙，一時頗感不支。於是決定出去走走，一則看看倫敦的風俗人情，二則也輕鬆一下，活動活動筋骨。一路上「車馬滔滔，氣成煙霧」，街巷潔淨，樓宇參差，逶迤到了一個街口，只見左邊馬路對面好一座華廈，巋然獨立。青石為壁，飾以雕琢，或花卉，或人物，精美異常。郭大使正看間，迎面走過來兩位洋人，逕與張德彝搭話。

　　郭大使頗感意外，但見其中一人雖然目光有些陰沉，態度倒還和氣，另一人則僅僅微笑頷首，覺得不妨可以談談。此二人自稱居住倫敦多年，是日無事散步，看見中國大使和譯員，特來致意。郭大使答禮以後，請教姓名，才知道一位叫福爾摩斯，

一位叫華生。據張德彝說，福先生專門為人辦案，常能發人所未發，補官府疏漏，昭彰正義，而站在旁邊微笑安詳的華先生是個醫生。郭大使看時，福先生果然有些鳶驁之氣，為人排憂解紛，當是游俠一類的人物，而華醫生卻怎麼看也不像是個走方郎中。正忖度間忽然覺得奇怪：「此二人初次相見，何以知道我們的身分？」等到德彝用番語向福、華兩先生提出此一疑問時，福先生璨然開顏，頗是有搔著癢處的神態，滔滔不絕，說了半天。郭大使不諳洋文，只好耐心等他說到了一個段落，聽張德彝譯出大意。

原來福、華兩人在和德彝搭話前已留心觀察郭大使許久，福先生解釋說：「從你們的相貌衣著，以及盤於頭頂的辮子，知道你們是中國人。你們在看馬路對面的聖保羅大教堂時表現出了相當的吃驚和讚賞，表明你們以前沒有見過這座倫敦市中心區最著名的建築，由此推知你們是這兩天才到倫敦的中國官員。我還注意到燾大人對身邊這位年輕人時時有所諮詢，所以猜想他對倫敦了解較多，但他在回答大人問話時態度很是恭謹，因此該是一位譯員。既然我假定他是譯員，那麼如果我用英語直接和他

交談，應該不會有太大的困難。於是我即貿然試探，結果果然證明我的判斷是真實的。」言畢微笑，欣然有得色。

郭大使對德彝說：「英人觀人為事細密如此，頗合於古人所謂的『月暈而風，礎潤而雨』、見微知著之意。且推理精妙，非通《易》者不能領會其奧意，此所謂智者也。」

福先生細聽德彝轉達郭大使的稱讚後，並不十分以為然，反而進一步解釋說：「貴大臣的評論頗有見地，但仍有所未達。我剛才所做的，並不是把觀察結果和已知事物作簡單的比較，求其同一而演繹出結論，而是運用了一整套科學方法。這套方法非常重要，無堅不摧，無遠弗屆，鄙國昌盛，所賴殊多。請允許我作進一步的解釋：先是細致的觀察，利用觀察所得和若干已知的知識，如我們早先知悉中國大使這幾天將到倫敦，再作推理，得出一種假說，即假定這位年輕人是大人的譯員。如果這一假說為真，那麼他一定懂英文。再以此為基礎作一試探，結果他果然朗朗作答，合於我先前的推斷，於是得結論，斷定貴大臣為燾大使無疑。」

郭大使並沒有十分聽懂，但想，我等身分，竟

被看破，洋人狡黠，果不其然。於是答道：「所論甚精。但一意竭盡心機以窺他人虛實，不合於鄙國溫文敦厚之旨。且如何預先知道本大臣近日將抵倫敦，又為何不知我姓郭而一再稱鄙人為『燾大人』?」

福爾摩斯對郭大使的前半段回答完全沒有聽懂，尤其是「溫文敦厚之旨」更不知為何物。對郭大使的後兩個問題也頗感意外，遂答道：「大使蒞臨的消息由《泰晤士報》刊布，人所皆知；但大使姓郭，我們實在是不知道，而且大小報刊一概以為貴大臣姓燾，官名『郭嵩』，如何驟然將姓和名顛倒，令人費解。如有冒犯，尚祈寬容。」

郭大使覺得這一洋人尚稱恭順，但對於自己何以不姓「燾」卻覺得無從說起。看看馬路對面的聖保羅教堂巍峨高聳，卻既非祖廟又非皇宮，內心充滿疑問但又覺得無從問起，於是有些茫然，和福先生再寒暄了幾句，也只好匆匆告別了。

聰明的讀者早已看出，上面的對話其實是本書作者的杜撰。但十九世紀六七十年代驟然離開撫育他們的傳統文化，進入番邦異域的中國人所遭遇的困惑和困難，由此或者可見一斑。他們的迷茫苦痛誤解偏見，若以歷史的觀念來分析考察，則該不是

幼稚和可以鄙薄的笑話，而是沉重和發人深省的經
驗了。

離開父母之邦
去事奉鬼佬的人們

　　1860年代中期的上海，商賈雲集，華洋雜處。開埠才二十年，這個原來隸屬於松江府的普通市鎮竟一蹴變成了全國數一數二的大城市。太平軍和清軍在上海周圍蘇、皖、浙、贛地區長達十年的苦戰，又迫使這些地區的富戶挾資逃往由洋人保衛的上海。於是市面更臻繁榮，市列珠璣，戶盈羅綺，酒樓笙歌，竟讓人忘記了二十年前的恥辱，十年來的苦難。從舊城東北角豫園假山上的望海樓，可以遠眺黃浦江。風帆漠漠之外，又有洋船，巨艦艋艟，旌旗燦爛，奪人眼目。出北門三、五里，就是洋涇浜，再北是蘇州河。在這兩條河之間狹長的地塊上，洋人建造了不少樓房，鱗比高聳，整齊精嚴，儼然國中之國；而洋涇浜一線，從打狗橋到八仙橋，商販操著中文化了的英文和洋人討價還價，竟也事事成交，頗發利市。困惑也好，妒嫉也好，趨炎附勢

也好，痛心疾首也好，在 1866 年代中期的上海，沒有人再會懷疑洋人的威勢、財富和力量了。

　　1866 年 3 月 19 日將近中午的時候，風恬浪靜，英國火輪船「行如飛」緩緩駛入上海港。下午兩點，這艘長二十二丈的巨輪在縣城邊金利源碼頭穩穩停住，岸上鳴炮，這是奉派出國遊歷的前山西襄陵縣知縣，副護軍參領銜，三品頂戴，內務府正白旗漢軍斌椿和他的隨員到了。隨行的有他的兒子，內務府筆帖式廣英、同文館英館學生六品頂戴正黃旗蒙古鳳儀，字夔九、鑲黃旗漢軍張德彝，字在初、法館學生七品頂戴鑲黃旗漢軍彥慧，字智軒。在濛濛細雨中，四乘官轎把他們接到了新北門外洋涇浜西北盆湯衖的汪乾記絲茶棧。一路上雜花搖曳，浦樹含滋；比及進城，本地小轎，洋人車馬，熙熙攘攘，讓這幾位北客很是領略了一番江南嫵媚的早春和都市的繁華；晚餐是姜芽蝦蟹、春筍鱗魚，水果是甘蔗梨橙。想一想這幾天在英國船上吃的飯菜，用張德彝的話說，「熟者黑而焦，生者腥而硬，雞鴨不煮而烤，魚蝦味辣且酸」，自是不可同日而語。

　　斌椿一行出國，起因說來也是偶然。先是，在中國任職總稅務司的英人 Robert Hart，即赫德，要

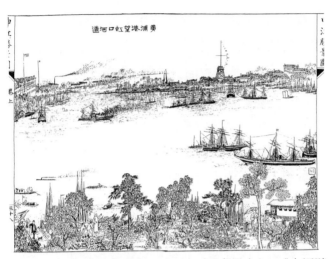

郭嵩燾、張德彝出國時的上海港。(選自吳友如,《申江勝景圖》,光緒十年 (1885) 序本)

回英國省親,向當時主持洋務的恭王辭行,順便提到可以帶幾個中國人隨他一同去歐洲遊歷,一開眼界,一長知識。恭王對這個洋員印象本來不錯,加上十多年來辦理交涉事件,消息不通,處處瞭隔茫然,痛感派員到外洋探其利弊的必要,以期以後可以「稍識端倪,借資籌計」,所以很是支持這個計畫。隨即奏請聖旨,同治帝諭「依議,欽此」,於是付諸實施。

有了皇帝的批示,貫徹執行似乎沒有問題了。

其實不然。派幾個同文館的學生去，這是沒有問題的。這些學生已經學習了三、四年洋文，對洋人禮節也稱嫻熟，當不會貽笑外邦。可是他們年紀太小，十八、九歲，少不更事，總還要有個老成可靠的人帶領。這件事情有點難。

傳曰：「父母在，不遠遊。」何況去父母之邦，孤身數人入不測之海，飄搖萬里往腥膻之地，一般人當然是不肯去的。恐怕是出於赫德的推薦，斌椿成了這個遊歷團的領頭人。

斌椿（1804～?）是出身正途的讀書人，常年在外地擔任地方官，遊宦各處，所以鄉土觀念大概相對淡一些。1864年他六十歲的時候，應赫德之邀到總稅務司幫辦文案，即擔任祕書之類的工作。兒子也在同一衙門任職。從他所交結的朋友看，斌椿對洋人的心態還算開放。他有詩敘述他同美國領事館參贊衛廉士和同文館教習丁韙良的交遊，而當時號稱通洋務的徐繼畬、李善蘭也和他有文字往還。個人的經歷和個性，使得斌椿顯得比一般人瀟灑些。決定放洋時，斌椿寫道：「久有浮海心，拘墟苦無自，每於海客來，縱談羨無已。……」現在他用不著羨慕別人了。可是，在同治五年的春天，別人其實也

並不羨慕他。放著舒舒服服的官不做，去吃風波浪險的驚嚇，拋棄拳拳眷眷的父母妻兒，去事奉黃鬚碧眼的洋人，在大部分人看來，是所謂鋌而走險。

放洋出海，遊歷各國，其實是被逼出來的。從1840年中英在廣東初次交手以後，中國人吃夠了洋人的苦頭。檢討種種失利之餘，中樞痛感消息不靈，對洋人了解不確。中外睽隔，何談知己知彼？昧於外情，豈能克敵制勝？現在既然有赫德帶領之便，派幾個人出去看看，考察山川形勢、風土人情，當然是再好不過了。幾經周折，斌椿一行從1866年3月24日離開上海，先後訪問了法、英、荷、比、丹麥、瑞典、芬蘭、俄國等十個國家。同年9月28日重返香江，稍事休整以後，整理出旅行日記，名之曰《乘槎筆記》。細看斌椿的筆記，內容雖然簡略，但畢竟是中國讀書人第一次親身所歷、親眼所見的記錄，似乎應該像我們今天報紙上常常看見的那樣「引起轟動」。其實不然。這是因為在當時人看來，出洋除了風波險惡、食品腥羶之外，還有文化上的一重困難。自古以來，士子讀聖賢之書，唯知忠君愛國、禮義廉恥而已，豈能去父母之邦，委身事奉鬼佬異類？斌椿出洋，名為遊歷，而且官職卑微，

目的又說是考察風俗道路，多少有些細作的味道，自然不必深責，但也絕對不值得張揚。斌椿回國以後，似也未得聖眷優隆，未聞有什麼作為。除了在少數幾個熱心洋務的人當中，斌椿連同他的書就漸漸地被淡忘了，而在以後五十年中常常被人提起的，倒是他的隨員，當時十九歲的張德彝（1847～1918）。

從陪同斌大人出訪起，張德彝不斷地出使西洋各國，1868年隨志剛、孫家穀訪問歐美十一國；1870年隨崇厚出使法國，為天津教案道歉；1876年隨郭嵩燾出使英國，為馬嘉理案道歉，並留駐英國四年，任中國領事館翻譯；1884年任同文館副教習；1887年總理衙門奏保即選知府，旋隨洪鈞，就是後來因為賽金花而更加出名的洪狀元，出使俄、德、奧國。四年後回國任總理衙門英文正翻譯官，次年任光緒帝英文老師；1896年再赴倫敦任使館參贊直至1900年；1901年往日本任使館參贊，是年冬以三品記名副都統任出使英、意、比國大臣，並兼任駐紅十字會全權大臣；至1906年4月回國任正白旗漢軍副都統，次年升任鑲藍旗蒙古都統。在駐外期間，張德彝不斷地撰寫筆記記錄遊歷見聞，名之曰《述奇》，

一而再，再而三，三而四，直至《八述奇》，備述海外山川風景，人物習俗。回國後頗見信用，1911年任北洋大學山西西學學生閱卷大臣，廷試閱卷大臣。清亡後以遺老的身分蟄居北京，1918年去世。

張德彝是同文館的首屆學生，家境清寒。說實在的，要不是家境清寒，他也不會放棄正途而報考同文館。1858年的〈天津條約〉規定三年以後所有中外條約一律採用英文，為應對此一要求，清廷設同文館，招收旗籍子弟，發給銀兩，鼓勵學習，培養外語人才。可是當時一般士人對於和洋人打交道還很鄙視，稱之為「事鬼」，所以不是十分窘迫，家裡也不至於讓他上同文館，——開學的第一年，1862年，儘管再三動員，一共只有十個孩子來館報到，尷尬的情形也就可以想見了。一轉眼四年過去了，這個十九歲的年輕人已經是六品頂戴，為國家挑起外交重擔的要角了。

隨斌椿的遊歷使張德彝大開眼界。1866年5月15日抵達倫敦，當日的日記長達兩千多字，見聞涵蓋了「街巷整齊」的市容到金碧輝煌的水晶宮，經驗從讓洋人剃頭，「香水淋額，清潤而潔」，到從牆壁上的皮筒裡點火吸煙，鉅細無遺。以後在英國停

留的四十天裡，他觀看了外科手術、歌劇馬戲，遊
覽了皇宮古蹟、工廠煤窯。到同治五年九月底隨斌
椿回到北京時，張德彝恐怕已經是中國人當中對西
洋經驗最多、了解最深的少數幾個專家之一了。

　　同治前後十三年，除了最初的三、四年，中國
一般老百姓感覺總的還算不錯，──至少和咸豐年
比是安定興旺多了。咸豐末年，太平天國占了東南
半壁江山，豐腴膏潤的兩江和長江一線，盡入人手，
大清社稷幾乎不保。而就在這個時候，洋人乘人之
危，從通州打過來，又讓北京人吃了不少驚嚇，城
裡的往外跑，城外的往裡逃。對於長毛捻子，所謂
明火執仗的匪類，歷史上有的是可以借鑑的故事，
朝廷也有章法成例可循，或剿或撫，雖說時有爭論，
大的方略總還是祖宗早已定下來的。這洋人的事卻
是棘手。先是說北上換約，再是從天津一路打過來，
所向無敵，說戰實在是連招架之功都沒有，說撫則
更是無從措手。洋人或是狂悖傲慢，無法與之理論，
或是狡黠陰賊，讓人莫測高深。就說咸豐十年，洋
人占了北京，朝野都以為洋人將有大動作，結果洋
人倒也沒有屠城，和恭王在禮部大堂吃了幾頓飯，
竟然又排著隊回天津去了。這就讓北京人更摸不透

洋人葫蘆裡賣的是什麼藥，更害怕了。可是以後這幾年，洋人卻真的沒什麼動靜，北京的老百姓都認為多半是恭王駕馭有方，洋人也怡然就撫了。接著咸豐帝龍馭上賓，四兇就擒，然後湘軍在南方連連得手，掃蕩了太平天國，一時大有六合平定，將相和諧的景象，史稱同治中興。

可是就在這中興的年頭裡，恭王正在為夷務大傷腦筋。六年前他留守京師，親見洋槍洋炮，幾個月裡，無堅不摧。僧格林沁的蒙古馬隊、勝保的常勝軍，原來不堪一擊。幾個月的磨練，把他原來的想法全改過來了。他是當家人，知道柴米的價錢。要用中國的軍隊和武器去跟洋人拼，以忠信為甲冑，禮義為干櫓，那是笑話。但籌辦夷務的困難，還有另外一面：當時大多數人真的相信忠信禮義是足以克敵制勝的法寶。朝廷內外，朝野上下，多數人，尤其是德高望重、正色立朝的讀書人，對洋務的看法和他大相逕庭。兩、三年前，他提出辦同文館，開製造局，學洋人之長以制洋人，就掀起了大浪。後來總算賴著太后老佛爺的宸斷把學校辦起來了，可是仍是種種窒礙，洋務還是不得手。現在看來，還是要派人出洋，親眼看看，一可以增加洋務派的

知識，二也可以奪倭艮峰之流的口實。

倭艮峰就是倭仁，姓烏齊格里氏，道光九年進士，改翰林院庶吉士，真正的正途出身，現在是文淵閣大學士，本朝讀書人唯其馬首是瞻的宰輔。他無論如何也不能相信行了幾千年的孔孟之道會行不通。他的意見就是全體讀書人的意見，不是可以隨便不理，要駁也不容易，非要有讓大家都看得見的實據才好說話。——現在正好有個機會，和前些年赫德帶斌椿一行出國遊歷約略相似：原來擔任美國駐華公使的 Anson Burlingama 卸任回國，在中國官員送行的宴會上，表示願意為中國出力。這就送來了一個機會。

這個 Burlingama 的中文名字叫浦安臣，雖是按他英文名字的發音譯過來的，倒也還名副其實。恭王說他處事和平，能知中外大體，曾經協助中國，悉力屏逐，極肯排難解紛。而在同治六年的年底，恭王所焦慮的是，1840 年以來和各國簽訂的和約，又快到延期修約的時候了，——上回咸豐末年的大亂，還不就是修約起的頭嗎！如果能未雨綢繆，先派浦安臣帶著練達老成，勤謹圓通的官員去換約各國，一則於駕馭各國之方不無裨補，二則也可以了

解一些外情，拿些個必要學洋人的實證回來，滅一滅倭艮峰的口。

這回選的是志剛。志剛字克庵，頭銜是花翎記名海關道，當時是總理各國事務衙門的章京，在衙門裡管文書，輔佐堂官，對洋務尚稱諳悉。更難得的是，恭王說他「樸實懇摯，器識閎通」。另外一員同行的章京是漢員孫家穀，也稱平和，所以和浦安臣一同出國考察辦理交涉，應當妥協穩當。和斌椿走馬看花不同，志剛、孫家穀一行，從 1868 年 1 月 5 日離京到 1870 年 11 月 21 日回京，對西洋十一國作了從容的考察。在派遣志剛、孫家穀出國的文書中，明白規定他們是欽差大臣，於是排場氣象自然和斌椿又不同。在上海先有從人安排寓所，人還沒有到，已見「無數行李，堆著一地」，連後來曾孟僕寫《孽海花》，還提到了欽差應洋人使館之邀參加了花會，著實鋪敘了幾句。

和英美駐上海的使節們忙著為志剛、孫家穀送行幾乎同時，在香港另有一人也在悄然預備遠行，或者用他自己的話來說是「避禍」。這人就是王韜。王韜（1828 ～ 1897）字利賓，蘇州甫里人，早慧，文名頗籍。和一般士子一樣，王韜讀書應試，但功

名上始終沒有什麼成就。這一定讓他很失望，因為無論根據師友對他的稱譽，還是他對自己的期許，他似乎都應該是棟樑一類的材料。沒奈何，浪跡青樓酒館，儼然名士風流。後因家事偶至上海，見著洋人的船艦樓房，接觸到了西洋的書籍觀念，竟覺得「洋人亦人也」，終不見得如當時大部分人所認為的那樣「不可與語」，旋經人介紹進了墨海書館。在這家地處上海舊城和租界之間棋盤街的書館裡，王韜頗是結識了一些「西儒」，而這些人當時正忙著把西洋的科技文化翻譯介紹給中國。王韜的工作，是把西儒半通不通的翻譯改寫成為中國讀書人可以接受的文章。以王韜之才學，充「傭書」的苦役，當然心有不平。不平則鳴，可是當局者似乎對他不屑一顧。當時清軍和太平軍正在上海附近打得難解難分，王韜因為探親，回鄉進入了太平軍控制的地區，遂向太平天國蘇福省逢天義劉肇鈞上書獻策。不料他滅妖的奇計未見採用，通賊的信札卻已被清軍繳獲，他本人也被通緝甚急。不得已，利用墨海書館的老關係，投托英人的庇護，遠颺香港，這就是他自己所說的「避禍」。1867 年，在香港與他合作了五年的理雅各博士回英國探親，隨後來信邀王韜也

往英國以便繼續他們的工作。在同治六年的冬天整治行裝匆匆就道，為「避禍」而竄奔番邦時，這位江南才子已近不惑之年了。

和斌椿、志剛一樣，王韜讀的也是正統儒學。雖說未能入流，他儒學的根基實在決非那些漢軍旗子弟可以稍望項背的。從他的日記和日後發表的文章看，他對傳統的經史子集有廣泛的了解，對若干專題如春秋朔閏至日，還有精湛獨到的研究。在英國，他雖說未見得終日惶惶然如清廷所說的是個在逃的嫌犯，但畢竟沒有張德彝之輩所享有的便利，見聞自然沒有奉旨遊歷考察者廣。但是和王韜接觸的洋人，頗不乏史學家和漢學家，而日常佐譯漢文經典的工作，又使得他有相當的機會和閒暇來閱讀思考，對洋人觀念看法的了解自然會比官方派遣的訪問者來得深切客觀。留意這一點，就很容易理解為什麼這個自稱韜光養晦的布衣比那些官拜三品的顯貴們在歷史上留下更深遠的影響了。

王韜在英國一住兩年，因禍得福，成了最早涉足西方，領略西洋文明的中國文化人。回到香港，一邊辦報，一邊著述，先史後文，從普法戰爭到宋明傳統史觀，從科學知識到狐鬼神怪，從嚴肅的政

王韜到達英國時的倫敦。（選自 Eklisee Reclus, *Londres illustre*, 1865）

治經濟理論到荒誕庸俗的遊冶獵豔，無所不談，一時聲名大振。另一方面，時過境遷，清廷對他的態度也漸漸鬆動，1882 年回鄉掃墓，兩年後終於結束了二十三年的流亡生活，「卜築三椽春申浦上」，回到了上海，稍後主持格致書院凡十年，以病歿。

二十五、六歲時，王韜曾自書居室，「短衣匹馬隨李廣，紙閣蘆簾對孟光」。他當時當然沒有想到，不僅「隨李廣」立功國家的宏願不酬，就連「對孟

光」的閒適祥和生活也未成可能。他這一輩子似乎
注定是窘困蹇連，飄泊流離，但他的才智學識卻是
從一開始就為人讚賞注目。1856 年郭嵩燾為曾國藩
幫辦軍餉途經上海，過墨海書館，見著王韜的這副
對子，認為有「奇致」，在日記裡鈔錄之餘，還頗是
與王韜攀談詢問，引以為同調。

郭嵩燾（1818 ～ 1891）在咸豐六年看見王韜時
毫不客氣地稱之為「王君」，這當然是因為他確實比
王韜大了整整十歲，另外也因為他當時已經是湘軍
統帥集團中的一個舉足輕重的人物了。

和他的同鄉摯友曾國藩、劉蓉、江忠源比，郭
嵩燾發達甚晚，直到三十歲才中試，列二甲三十九
名，賜進士及第，旋改翰林院庶吉士。稍後丁憂，
正碰上太平天國革命，他於是隨湘軍參與了對太平
軍的作戰，也因為這一機緣到了上海。但是，無論
從個性還是學問來說，郭嵩燾都是一個書生，不能
適應軍旅，曾國藩說他非繁劇之才，可謂知人。咸
豐後期，郭重入翰林院，值南書房，又逢英法聯軍
入侵，他被派往僧格林沁大營幫辦軍務，卻未見有
大建樹，倒是與「僧帥」鬧得老大不高興。這一場
戰爭一定給他很劇烈的刺激，很深的創痛。三年前

在上海第一次見著洋人，他即為其樓船精耀奪目，器具新巧迷人所「震詫」。現在夷兵竟然無堅不摧，打得僧格林沁丟盔棄甲，咸豐帝棄城而逃，逃到熱河，最後棄天下養。在郭嵩燾看來，這洋務直是關係國運世祚的性命之學了。咸豐八年到十一年，嵩燾有論洋務，論海防，論禦夷之道，論和戰，論東南夷禍，論夷務之失，論以理、以情、以勢禦夷十數折，顯然已經不再是直覺地震詫而已。同治初，出為蘇松糧道，轉兩淮鹽運使，最後做到廣東巡撫，銳意整頓地方，很想有所作為，富國強兵。但嵩燾為人，直拙偏拗，擔任一方長官卻很難與人共事。辦鹽務時已和部屬不協，到廣東任巡撫，正碰著老上司毛鴻賓在當兩廣總督。案清制，巡撫轄一省，總督轄數省，總督管巡撫似乎沒有問題。但朝廷為了便於牽制督責，又為總督、巡撫各設檢查彈劾對方的權力，於是督撫常同水火。毛、郭當然也不例外。在巡撫任上郭嵩燾又續娶常熟名門錢氏，不料玉帛變干戈，不及一月亦鬧得不可開交，錢氏一氣之下回娘家去了，而粵省上下人言籍籍。升巡撫，見毛鴻賓，娶錢氏，本來是金榜題名，他鄉故知，洞房花燭三喜臨門，但在郭嵩燾手裡，竟成了災難，

一直驚動中樞。接著又和老友曾國荃牴牾，和兒女親家左宗棠鬧翻，隨後被奏參多次，再和新任總督瑞麟鬧翻，直到交卸了巡撫的職務，回鄉閒居才算了事。

郭嵩燾回鄉一住八年，執教書院，但通過曾國藩的長子曾紀澤和外界仍然保持著密切的聯繫。這八年的鄉居，給了郭嵩燾一段安靜思考的時間，他從局外人的角度，對時局和洋務作了深入細致的考察，他為論洋務的書寫序，上折子論修約，特別是論天津教案，確實時有高於常人的見解。

1870 年發生的天津教案確實是十九世紀後半期清廷籌辦夷務時所面臨的種種錯綜複雜的困難的一個縮影。先是，天津的法國天主教堂欲藉辦育嬰堂結好中國人，有送嬰兒來者，不問來歷，全給酬金。於是有不法之徒，迷拐盜竊嬰幼兒，送往育嬰堂求賞，而地方則甚為兒童迷失無蹤可尋所苦。在育嬰堂方面，洋嬤嬤收受嬰兒後，卻又常常不能妥善照顧，致使不少孩子病死；孩子死後又未能妥善掩埋，屍體暴露荒野，甚至被野狗撕咬破碎，狼藉殘缺。於是百姓哄傳洋人騙得中國孩子，剖腹剜心，於是民情洶湧，直指洋人略同於獸類。6 月 21 日，

法國領事豐大業為此往三口通商大臣崇厚處交涉，咆哮不可理喻。歸途中遇見天津知縣劉杰，破口大罵，開槍擊傷劉知縣的隨從，圍觀百姓為其所激，一擁而上，毆斃豐大業，並放火將天津的教堂、育嬰堂和領事署等外國機構燒毀，混亂中打死洋人二十多人。洋人威脅開戰報復，清流派人士激昂請纓，清廷窮於應付。洋人狂悖，對中國欺凌壓迫無所不至，中國的虛弱、百姓的愚昧和士人的虛矯，盡然交織錯綜見於此案。清廷用曾國藩處理，幾經周折，對洋人雖然達成妥協，但國藩所確定的委屈求全的方針始終為朝野清議不容，曾本人也心力交瘁，不久黯然去世。

郭嵩燾是少數幾個同情、支持曾國藩妥協的人。除了對於國力對比有清醒的認識以外，嵩燾還表明他對於洋人也有迴異於他人的見解。當時一般人認洋人為異類，無所謂忠信禮義可言，所以盡可以用誑騙拖延欺詐的手段。即如王闓運這樣見識頗廣的人，也認為郭「既謂夷狄獸心，不可理論，而又欲使曲在彼，譬與犬鬥，而使負曲名，欲其不噬，以為得制夷之道，謬矣」。又如李鴻章輩，在當時也以為對洋人的辦法就是「打痞子腔」，而曾國藩當即表

示頗不以為然。郭和曾國藩類似，認為洋人也是人，對洋人同樣要講究誠信，於是洋人也可以理喻。以此為基礎，他認為既有條約，就要嚴格遵守。而洋人的西教，尤重好生，應該不會有公行戕生之理，所謂剜眼剜心，當無確證。

郭嵩燾何以會形成這樣卓然不群的觀念，儘管有很多精彩的研究，但至今仍大有需要作進一步解釋的地方。至於他本人，卻是在當時就被主持洋務的恭王認定是「洋務精透」。1874 年，郭嵩燾奉詔進京，慈安、慈禧太后召見，眷遇優隆，授福建按察使，這可能是當局希望用他處理臺灣、福建等處涉外的海防事宜。郭本人也頗是積極參與其事，和當時在京的洋員如丁韙良、威妥瑪輩頻頻會晤，上書恭王論海防，論臺灣善後、論福建架設電線，表現出對洋務深入的了解和極大的興趣。

郭嵩燾往福建時，日人在臺海正咄咄然步步緊逼，而清廷苦無善策對付。為求萬全的救時要策，總理衙門草擬了一個條陳，寄發沿江沿海的各個總督巡撫大員，限期回奏。1874 ～ 1875 年冬天，以此一廷寄為契機，有十五名官職在督撫以上的官員復奏發表了意見，形成了自 1867 年辯論是否設立同

文館以後討論洋務的又一個高潮。光緒元年四月二
十六日即 1875 年 5 月 30 日，總理衙門對此作了總
結，主張進一步推進洋務。同日，命李鴻章、沈葆
楨、左宗棠分掌北洋、南洋和西北防務。正在這時，
西南又發生了所謂的滇案，英人馬嘉理等四人在「遊
歷」中遇襲身亡。事情發生在邊遠荒蠻的雲南，衝
突的真實情形究竟如何，實在無從著手調查清楚。
但對方是稱霸世界的大英帝國，中方當然只有賠禮
道歉的份兒了。是年 8 月，詔命郭嵩燾充任出使英
國欽差大臣，往英國道歉並留駐倫敦。此一任命傳
出，立即激起軒然大波，親近友愛者惋惜勸阻，疏
遠不識者痛恨訾罵，在家鄉湖南，應試的考生竟結
集要砸郭氏宗祠，放火燒他的家。9 月 6 日兩宮召
見，慈禧太后溫諭非常，「旁人說汝閒話，你不要管
他。他們局外人，隨便瞎說，……你只一味替國家
辦事，不要顧別人閒說，橫直皇上總知道你的心事。
……這出洋本是極苦的差事，卻是別人都不能任」。
郭嵩燾自己後來說，兩宮太后說到如此，他只有「感
激懍遵而已」。

　　他所要去的英國也是女主。1837 年十八歲的女
王登基時，英國正是國運昌隆，如日中天的時代。

倫敦報紙報導郭嵩燾到任時刊登的漫畫。(選自 *Punch, or the London Charivari*, 1877 年 2 月 10 日)

大英帝國稱霸世界的一百年中，維多利亞獨占六十四年，而十九世紀簡直就是維多利亞的世紀。英國的鋼鐵、煤炭、機械、紡織，無不雄踞世界第一。船堅炮利的海軍正橫行五大洋，無遠弗屆；在遍布海外的殖民地，大英帝國的米字旗，名副其實地永遠在燦爛的陽光下飄揚。維多利亞時代的輝煌，一

如郭嵩燾後來注意到並反覆強調的,「無一不來自於學問」。就在郭嵩燾到訪前的三、四十年間,英國學者把人類對於自然的認識幾乎全部刷新了一遍。1830 年代,法拉第把對電的研究正式變成了一門獨立的學問。對於電流的研究,尤其是電磁感應的發現,以最隱祕不宣的方式把人類帶進了一個全新的世紀。以此為起點,1858 年 William Thomson 即後來的開爾文男爵完成了穿越大西洋的海底電纜;1865 年麥克斯韋則從理論上預言了電磁波。二十年後,實驗驗證了這種看不見、摸不著的波的存在,再二十年,無線電通信,廣播,以及以後的電視、雷達,還有我們現在日日利用的手機、微波爐,幾乎是日新月異地產生出來。在天文學方面,科學家用碳電極產生的強烈的電弧光模擬演示了太陽光的種種效應。1850 年代初,G. G. Stokes 由此在劍橋闡明了光譜中的吸收譜線的意義,使得用光譜研究遙遠的天體成為可能。1878 年即郭嵩燾到達英國的那一年,Sir William Huggins 和 Sir Joseph N. Lockyer 利用這一方法發現太陽裡有一種在地球上從來沒有見過的元素。與此同時,生物學正在經歷一場真正的革命。以 1859 年達爾文發表《物種起源》為中心,

自然學者、探險家，殖民主義的軍人和商人，騙子和海盜，走遍了天涯海角，搜尋各種各樣的標本樣品。大英博物館和皇家動物園裡充斥著從地球的各個角落運來的珍禽異獸、骨骼化石。郭嵩燾知道他所面對的是十幾年前一舉攻占北京城，打得咸豐帝龍馭上賓的極其凶頑的英夷，但他一定沒有料到他將要看見的是一個絕非他所能夢想到的新世界，一個由聲、光、電、化為代表的實學所創造出來的全新的世界。

和當時很多讀書人一樣，郭嵩燾很早就有記日記的習慣，除非有特別的變故，決無中斷。在出使前後，他在日記裡記錄了準備工作：家庭的安置、人員的配備、兩宮的訓示、同志的討論。為了讓國內盡量詳細準確地了解外情，清廷要求除了正式的公文以外，駐外使節還要將所撰寫的日記送呈，備用參考。在倫敦一住三年，郭嵩燾以欽差之尊，優遊於倫敦的上層社交圈。飲宴遊樂，往來應酬自不必說，特別值得留意的，是參觀博物館動物園、實驗室天文臺、觀看科學演示、訪問工廠車間。所有這些，全是 1870 年代中國士人所聞所未聞，見所未見的，而與他交遊談論的，也多是當時倫敦學問界

的一時之選。由此而引發的種種感想議論，連同對於所看見的種種物事的巨細無遺的描述，一起見於逐日記下的日記。日記既然不是正式的公文，行文自然自由一些，描述也較生動有趣。可惜的是，這些文字在嵩燾當時似乎沒有什麼讀者，也沒有引起特別的注意。倒是他在國外的行為和對洋務的看法卻始終如一地是眾矢之的。在倫敦任上屢被副使劉錫鴻彈劾，在北京又被清流派主將張佩綸痛詈。他所看見的，是沒有人所看見過的；他所了解的，是沒有人所能理解的；他所熱烈鼓吹的，是沒有人願意附和的。任滿回國，心灰意懶，郭嵩燾即奏請退休。整個 1880 年代，這個中國當時對洋務懂得最多的人，在湖南家鄉孤獨地主持書院；除了偶爾參加些禁煙公社之類的政治活動以及有時給李鴻章寫寫信之外，著書授課而已。他懂得的比別人多得太多，所以只能孤獨地死去。1891 年春，郭嵩燾自知不起，在最後一篇文字的扉頁上，這位首任駐英大使寫道，「流傳百代千齡後，定識人間有此人」。和他的很多議論一樣，這一回郭嵩燾又說對了。

　　五、六年後，當年被郭嵩燾當作年輕人而稱為「王君」的王韜在淒涼的貧困中死去。他死得如此

孤獨，如此無聲無息，以致於歷史學家至今還不能斷定他是什麼時候死的，只能含混地說大概是 1897 年的上半年。至於下文中讀者還要常常遇見的斌椿和劉錫鴻後來的境遇，我們所知道的就更少，或者只能用「不知所終」來向讀者交代了。倒是翻譯官張德彝，在番邦奔走王事二十多年，始終安分守己地記錄所聞所見，一直活到了 1918 年，才作為清朝的光祿大夫建威將軍壽終正寢。在他生命的最後時刻，張德彝曾「祕緘一紙囑家人以屆時啟視」。他到底說了些什麼，我們無從懸想。但是所有這些因為種種機緣命運的巧合而去國萬里，深入詭祕離奇番邦異域的人們，在他們最後凝視撫育他們成長的父母之邦的時候，或者都會說，「我們曾經看見過怎樣的景象啊!」

本章寫作時參考了鐘叔河為《乘槎筆記》寫的前言，忻平著《王韜評傳》，柯文著《在現代化和傳統之間》，曾永玲著《郭嵩燾大傳》，郭廷以等編《郭嵩燾先生年譜》，汪榮祖著《走向世界的挫折》，謹此致謝。

毓阿羅奇格爾家定司

Zoological Gardens

萬獸園

　　同治七年二月初三即 1868 年 2 月 25 日，浦安臣帶著志剛等人離開上海。先去日本，小住十天，再往美國，比及 1868 年 9 月 19 日到達英國時，這個中國歷史上第一個現代意義的外交使團出國已是將近有六個月了。從美國到英國的海路，著實讓志剛吃了些暈船的苦處。「風狂浪猛，船身顛簸，水高於船，……客皆倉皇失措，而使者之嘔吐眩暈又不可為矣。……詮伏忍耐，嘆苦海無邊而已」。好在到了英國以後，公事日程頗是鬆懈，直到十天以後才去見了英國外交大臣。其餘時間，雖然廁身大不列顛的首都，當時世界上數一數二的最繁華的城市，卻不敢到處亂闖，所以又覺得相當的無聊了。志剛在日記中解釋說這是因為洋人到中國，「借遊歷為名，私行闖入」中國禁地，令人深惡痛絕，他於是

要反其所為，不僅自己，還要約束從人，不去「私往遊覽」。

這時正恰英國著名的秋冬陰濕時節，「雲來霧去，不見天日」。志剛自道像是魯智深住在趙員外家，「悶煞洒家也」。大概是英國翻譯柏卓安出的主意，說是有珍禽異獸可看，其處為通國和外國人遊觀之所，純係賣票取利者，當無關礙，而且同行的同文館翻譯張德彝兩年前隨斌椿來時也曾去過。於是邀同行者數人，由柏卓安陪同，在八月二十二日即1868 年 10 月 7 日往遊倫敦萬獸園。

萬獸園位於倫敦西北的攝政公園內，當時其地還是倫敦的近郊。張德彝在日記中曾提到要「行二十里」方才到達，當是。這是維多利亞時代傲視各國的世界上最大、收容動物種類最多最全的展覽中心，計有四足獸類五百餘種，鳥一千多種，另外還有近一百種爬行動物。據 1870 年代初出版的倫敦旅遊手冊 *Handbook to London as It Is* 說，這個動物園「是倫敦最為賞心悅目的一景，實為每個初訪倫敦者必遊之地」。在這個動物園裡，用玻璃和鑄鐵建造的猴館最吸引人，羚羊和斑馬也是熱鬧的去處，但是真正了不起的是埃及總督送的兩隻大河馬，這是

志剛參觀時的萬獸園獅房。（選自 John Murray ed., *Handbook to London as It Is,* 1870）

英國人以前所從來沒有看見過的，還有紐西蘭來的無翅鳥，學名鷸鴕，也是聞所未聞的新鮮玩意兒。

從志剛當天寫下的文字可知，這是他平生第一次看見獅子，而且頗為欣賞這一耳熟能詳的猛獸，「氣象雄闊，不愧稱獸王」。被特別記錄的是他稱為「支列胡」的長頸鹿，「黃質白文如冰裂，形似鹿，短角直立，……身僅五、六尺，前高後下，惟其頸長於身約兩倍，仰食樹葉，不待企足……」，他大概花了不少時間看長頸鹿，因此對於這他第一次看見的動物有詳盡的描述：如何行走、如何進食。離長頸鹿不遠是犀牛，「兩目生於正面之上」，使他一下

子明白了中國成語中的「犀牛望月」的來歷:「其勢有不得不仰望者焉」。袋鼠大概也是第一次見到,而英國人引以自豪的河馬則被他批削為「極蠢物也」,因此沒有多作評論。對於被他誤以為是「花驢」的斑馬,和像貓那樣吃魚的北極熊,倒都有生動的記錄。

然後看禽鳥。孔雀、錦雞、鴛鴦都不稀奇,「皆中國物」。鸚鵡也平常,只是「率能洋語」,讓志剛覺得可以一記。

志剛特別提到了看飼養者用小魚餵海狗的表演。「海狗首似狗,灰色淺毛,有足無趾,尾如魚」。飼養者每用小魚誘之出水,並與接吻。志剛寫道:「是狗雖生於海,而亦知苟以求食也。」

這一天志剛一定是覺得大開眼界,當日的日記篇幅也特別長。除去兩小段關於總署諮詢山東平度州洋人開礦的事外,兩千多字都在談他在萬獸園中所看見的新鮮事兒。但是作為一個弱國,一個屢戰屢敗,苟延殘喘的朝廷的使者,志剛即使在看人人覺得可愛可笑的動物表演時,也會不自覺地體會出一縷淒涼:海狗龐然大物,可是為了乞食,也不得不苟且,做些牠不想做的事。海狗何知,是志剛傷

心人別有懷抱也。咸豐十年，英法聯軍陷北京。九月二十九日，洋兵六百人分四起入城，拱衛京師的大清勁旅兵丁萬餘，夾道跪迎，觀者如市。十月初十，禮部大堂燈彩輝煌，陳設華美，恭王以下王公、中堂、尚書、侍郎、九卿及留京將領，禮服莊嚴，等候洋人來簽和約。翹首佇立至於午後，洋人不來，全伙悻悻然散去，此時城西北正火光衝天，黑煙蔽日，是聯軍正忙於搶掠焚燒圓明園也。……這不過才八年。現在志剛在這一敵國首都，站在海狗表演池水蕩漾的動物園裡，種種委屈淒涼泛上心頭，誰其言不是！

　　海防陸戰一敗塗地，祖宗社稷遭劫難受踐踏一至於此，我們難道真的一無所有了嗎？志剛並不那麼悲觀。從他自啟蒙起所被教導的，至今仍然篤信不疑的哲學信條出發，志剛對這一洋洋大觀令人目不暇接的動物園有另外一番看法。和大多數遊客一樣，志剛確實頗是被珍稀動物所吸引，被搜羅之繁富所震驚。萬獸園裡動物種類之多，「不知其名，不計其數，皆由輪船火車涉歷地球之上，博收遠采，以圍於園中」。似乎應該是應有盡有了。但是他注意看的，或者說注意搜尋的，是他所嚮往的「四靈」，

即鳳凰、麒麟、壽龜、神龍。而且，果不其然，行遍搜羅豐富如此的整個園子，沒有。除了幾隻大小不等的烏龜外，沒有鳳凰，沒有麒麟，也沒有龍。為什麼呢？在志剛看來原因是很明白的。他在日記中解釋道，「通觀之，或局獸於圈，籠鳥於屋，蓄魚於池，其馴者，或放諸長林豐草間」──

> 雖然，博則博矣。至於四靈中麟鳳，必待聖人而出。世無聖人，雖盡世間之鳥獸而不可得。龜之或大或小尚多有之；龍為變化莫測之物，雖古有豢龍氏，然昔人謂龍可豢者非真龍，……所可得而見者，皆凡物也。

四靈的說法最初見於《詩經・周南・麟趾》，詩云：「麟之趾，振振公子，于嗟麟兮；麟之定，振振公姓，于嗟麟兮；麟之角，振振公族，于嗟麟兮」。這兒所說的到底是些什麼，頗是費了後世學者的一番考究。大部分研究者認為，這是以麟為吉祥獸，用以比王公的子孫，是一支頌歌。而以《毛詩草木鳥獸蟲魚疏》名顯後世的陸機，還言之鑿鑿地說「今定州界有麟，大小如鹿，非瑞應麟也」，意思是說麟

是一種動物,並非人們為應祥瑞而生造出來的想像,似乎他真見過。晚近的研究者多以為從遠古以下,通常說的麟就是犀牛。到了宋朝,才有異說。紹興乾道間的李石,心儀西晉張華,撰《續博物志》十卷。在第十卷中,他介紹了一種「駝牛」,說是「皮似豹,……頸長九尺,身高一丈餘」。現在大家猜想他說的可能就是長頸鹿。明人馬歡隨鄭和下西洋,回國後寫了《瀛涯勝覽》,說阿丹國有麒麟,「前二足高九尺餘,後二足約高六尺,首昂後低,人莫能騎……」。這樣看來,宋以後國人見識日廣,從域外傳聞到親身西洋遊歷,很有一些人把長頸鹿附會成麒麟。志剛不夠淵博,沒有讀過這些旁門左道,他依照通常大家所說的,把麒麟當作祥瑞;而從中國的傳統政治哲學的分析來看,這樣的靈物不出現在一意依賴武力的英國人的動物園裡,應該是很合理,是再自然不過的事了。

在我們的古書中,鳳凰的記載較之麒麟要早得多。據郭沫若《殷契萃編》和《卜辭通纂》,殷墟甲骨文中就有「鳳」字,象形,後來太皞氏以為圖騰。以後出土的商銅觶,戰國楚墓中的帛畫、漢武帝墓的空心磚上的刻劃,都有鳳凰的圖像,證據鑿鑿,

看來不像是向壁虛構。倒是和麒麟相反，到了宋以後，鳳凰的記錄卻漸漸從史集中消失了。這就使得有些學者，如湖南師範學院的劉誠，猜想鳳凰是一種在一千多年前才絕滅的動物。但是大多數人似乎更傾向於鳳凰是以孔雀為原型想像出來的神鳥。志剛心目中的鳳凰似乎就是以孔雀為樣本的。但他既然預設鳳凰不是孔雀，自然就很難再幫他找到真正的鳳凰了。他大概熟讀了「鳳鳥不至，河不出圖，吾已矣夫」，從而只有感嘆的份兒了。

幸好龜還有幾隻，或大或小，志剛卻並不十分看得上；至於龍，則從本質上說就是不可見的，如可見就不是真龍。志剛所以總結說，在動物園裡「所可得而見者，皆凡物也」。

志剛眼裡的倫敦萬獸園和當時的英國人眼裡的、和現在所有人眼裡的動物園全然不同；他所由此而發的感慨、感想，在我們看來也真是匪夷所思。論者每譏之為淺陋，其實恐怕不可以作如此簡單的論斷。志剛去今日百四十年，時當中外睽隔，風氣不開，他的見識也只能如此。在為志剛日記刊印本寫的前言中，鐘叔和先生很是嘲笑了一番咸豐年間朝廷關於三跪九叩禮節的爭論。其實每個時代，每

個文化都有其自身所珍視的東西,並不能跨越時代、跨越文化不加限制地品評月旦。淵博如鐘先生,一時考究未詳,仍失去了歷史感。前不久,2001年7月13日,報載北京申辦奧運會成功,「走向世界」,但同日又有新聞說石家莊市某公園置半裸雕塑於大庭廣眾之中,引起輿論大嘩,於是砸毀雕像,眾心乃安。在一百四十年後的今天,我們是嘲笑志剛的孤陋寡聞而讚美石家莊民風醇厚呢,還是檢點我們的研究方式,以求更細緻、更謹慎地考察歷史的沿革,不同的文化相互衝突,進而相互滲透,相互揉合的過程呢?如果採用後者,我們就必須把志剛的反應看作是學習過程中的一個階段,認識漸進發展鏈條上的一環。案近世關於學習過程的心理學研究表明,人之接受理解,只能在他固有的知識框架中進行。最初的認識模式當是比較同化,即把新鮮物事和主體已有的知識和概念相比較,求其同者,特其異者。志剛對於他所看見的異事,也循此一途徑,將其解析變形,以使能和他已有的知識體系框架相容,實在是自然的事。

　　案西洋對於動物的了解、認識,其實也有一個類似的過程。十六世紀中葉,科學革命尚未展開,

蘇黎士出生的 Conrad Gesner 編輯了一本《動物史》，洋洋灑灑三千多頁，談論介紹走獸、飛禽、魚蟲，極盡詳備。到科學革命近乎完成的 1658 年，這本書由 Edward Topsell 翻譯改編，用英文在倫敦出版，皇皇三卷。倫敦人在這兒看見的，關於龍、獨角獸、山鬼的浪漫描寫與關於馬和騾子的詳實討論赫然並列，以龍為例，讀者會看到栩栩如生的圖畫，讀到這樣的描寫：

> 有些龍有翅膀但沒有腳，有些既有翅膀又有腳，還有一些既沒有翅膀也沒有腳，只是比一般的蟒蛇多了頭上的墊和頰下的鬚。

Topsell 同樣徵引了 Pindarus 關於大力神 Hercules 在襁褓裡和龍搏鬥的事，還有主教 Donatus 如何為殺死一條躲在橋下吃人，吃牛、馬和羊的龍而獻身。在八開本十五頁的篇幅中，作者從各個方面討論了龍的形態、歷史上的記載、文學典籍中的描述，無一遺漏；各種種類的龍，大大小小，繪形繪色，一如親見。在這一點上，1551 年的 ConradGesner、1658 年的 Edward Topsell 和 1867 年的志剛一樣，把傳

帶翅膀的飛龍，出於十七世紀歐洲人的想像。由此可知，
對於神聖動物的種種奇譚，並非中國士大夫如志剛之流所
專有。（選自 Edward Tospell, *The History of Four-footed...*,
1658 年倫敦印本）

說、軼事和真實的描述混為一談，在這一點上，中
外文化對於動物的認識沒有什麼本質上的不同。

真正有深意的，值得留心的區別在下一個，即
哲學詮釋的層面上。志剛很快發現，儘管英國人花
了九牛二虎之力，碧落黃泉，把飛禽走獸都搜羅來
了，卻不能窮盡。因為天下事尚有「力所不可為者」。
這就是志剛在動物園中所看見的，領悟出來的最令
人安慰，甚至是令人鼓舞的事。英國人船堅炮利，
可以一時所向無敵，但是他們絕不是無所不能的。

英國人可以以「力」強占地方人口，但是絕不能征服世界，因為征服只有用「德」才能實現。鳳之不至，龍之無形，便是明證。這種以「力」和「德」為基本範疇的歷史分析法，在晚清一代學人中反覆出現，直到王韜寫《普法戰記》而臻系統完備，直到嚴復引進進化論的史觀而漸次淡化，最後消亡。當然，這是四、五十年後的後話了。

志剛是一個受中國傳統文化系統訓練的官僚。他的國學根底未必有多深，但畢竟是十年寒窗，科舉中試的正途出身，他的觀感只能如此。與他同行的張德彝是同文館第一期的學生，十五、六歲起進同文館，開始接觸西洋文化，特別是諳悉洋文，所以在園內注意到了一些志剛沒有看見的東西。

張德彝是在兩年前，也就是同治五年初夏第一次訪問倫敦的。也許是年輕，也許是第一次出使西洋，也許是沒有欽差的頭銜，也許是懂些洋文，張德彝到英國後沒有志剛那麼多的考究、顧慮。到達後的第三天，他就去了萬獸園。和志剛一樣，他首先感覺到的是「奇異難以殫述」。然而他很快注意到，每個獸籠「石屋兩間，前有鐵柵欄，上懸一牌云：物係何名，產自何處，因何人而攜此」。在受過現代

教育的人看來，這些說明標牌對於了解有關的動物、對於參觀動物園，自有別事不可替代的意義。但是志剛沒有看到，或者說他是視而不見。這也實在不能怪他──他不懂英文，所以看不出什麼門道，只是記敘了當日的熱鬧而已。假定一位成年人和一個小孩一同去動物園，他們一定同樣感受到園中熱鬧的氣氛，但他們看見的、得到的信息卻常是不盡相同。小孩看見的是熱鬧，成年人除此之外還會多少學得些知識：這些動物「係何名，產自何處，因何人而攜此」。志剛不是不想看這些標牌，而是因為不懂英文而知難而退：他根本沒有意識到這些標牌的存在；張德彝看了這些標牌，但止於了解了這些說明的字面意義：「物係何名，產自何處」；至於與此相關的或由此發展出來的更深的生物學和哲學的意義，對於張德彝來說也仍舊是一種不可想像和不可理解的外在。

　　張德彝和志剛在虎咆龍吟的倫敦動物園裡徘徊的時候，英國的學術界、思想界，甚至可以說是整個西洋世界，正在因為這些動物、植物震盪慄慄，數千年來積累發展的歷史文化、信仰哲學正受到前所未有的質疑：正是這些動物、植物，正是這樣的

空前豐富的關於物種的知識，為達爾文提供了建立
理論的事實依據。在動物園裡面對千奇百怪的動物，
張德彝和志剛或許覺得困惑莫名，他們其實不知道，
在動物園外，在整個西方世界，人們正為此陷入了
更加深刻的困惑，更加熱烈的瘋狂。

　　1866 年和 1868 年張德彝和志剛參觀動物園
時，正是這種衝突的高潮。1858 年 8 月，達爾文和
華萊士關於物種起源和進化的論文在《林耐學會記
錄匯編》上同時發表，這是這一革命理論第一次走
出達爾文和他的少數幾個摯友的小圈子。次年 9 月，
《物種起源》發表，這一明顯的離經叛道的理論第
一次被廣大的公眾所了解知悉。這個理論所處理的，
是千百年來所有人都確信應該是由上帝來處理的問
題；這個理論所動搖的，是西洋文化所賴以生存發
展的基礎。這一理論所引起的衝突之深刻劇烈，絕
非我們這些生活在一百多年以後，在東方文化傳統
中長大的人所能稍許想像的。在關於物種起源的研
究工作接近完成時，達爾文的最誠摯的崇拜者，他
的表姐兼青梅竹馬的妻子 Emma 在他的書桌上留
下了一張字條。Emma 寫道：「……當你全身心投入
研究，竭力爭取掌握真理的時候，你是不會錯的。

但是，……在科學探索中養成的那種凡事沒有證明即不能相信的習慣是否影響太大，因此對於其他一些不可能用同樣方式證明的，或者那些正確的但我們所不能理解的事情就全然不能相信？……我並不要回答，只要寫下來，我就心滿意足了……」。達爾文死後人們發現，這張紙條夾在一本他常常閱讀的書裡，紙條上多了一行達爾文寫的字：「在我死以前，我無數次地親吻這封信，並為之放聲痛哭。」

論文發表了，這一衝突從達爾文內心走向大眾。1860 年 6 月，在牛津大不列顛學會關於進化論的討論會上，Wilberforce 主教和達爾文理論的忠實信徒和英勇捍衛者赫胥黎的著名辯論竟然如此激烈，七百多位聽眾為之瘋狂，一位女士當場昏倒。

面對這樣的衝突，達爾文繼續他的工作。1862 年他的環球旅行日記出版，正是這次環球旅行中得到的無比豐富的資料造就了他的進化論。1868 年，關於人類起源的書和其他幾種包含更豐富的材料的進化論的書同時出版，使得進化論在科學上更加令人信服，因而在文化上和宗教上更加有必要給予痛斥。

這是怎樣深刻劇烈的衝突啊！社會上不同的教

派、學派之間，家庭中持不同觀點的個人與個人，在創始人達爾文的內心，這一衝突震撼著整個 1860～ 1870 年代的西歐。但是在訪問大不列顛的中國人中，這一衝突未見任何反映。萬獸園仍然是他們遊覽觀光的首選。1877 年 2 月 4 日星期天，中國首任駐英大使郭嵩燾的如夫人梁氏即應 JamesDuncan Campbell 夫人之邀往萬獸園遊玩。Campell 是赫德手下在中國稅務司工作的一個職員，中文名字叫金登干，實在是個能幹人。1833 年生，以後遊學德法，1862 年又到中國海關工作半年，因此認識了赫德。赫德這時正在為他的「中國海關駐倫敦辦事處」物色人選，看了金某的學識人品，覺得「捨君之外當不作第二人想」。於是金氏從 1870 年起當上了赫德的駐英代表，幫辦公私大小一切事務，這時正負責幫助中國大使在倫敦建館。以金登干親自出面陪梁夫人，當是赫德出於對中國大使的尊重而作的特別安排。而在梁夫人而言，這時才抵達倫敦十一天，當然也很享受了一下這奇特的「西洋景」。十天以後，光緒三年大年初二，大概是聽太太說此園值得一遊，大使本人也參觀了這一皇家花園，並在日記中特別記下了花園的英文名「毓阿羅奇格爾家定司」，即

Zoological Gardens。

這位郭大使素稱思想開放，處處留心學習西洋文明，努力「色佛賴斯德」(civilized)，被人譏為「不能事人焉能事鬼」而又「去父母之邦」。儘管老佛爺說他是實心辦事的人，可後來連祠堂都差點兒被人砸了。值得留意的是，他初到英倫，參觀萬獸園時所欣賞因而在日記中有所記錄的對象，與十年前志剛所見所記錄的有令人吃驚的相似。先是獅子，「其二頭及前身有深毛，後身無之，尾如牛尾而長；其三則狀如虎而毛色如牛，皆稚獅也，……」，然後是犀牛，然後是園丁餵養海馬，然後是他稱為高腳鹿的長頸鹿：「身長六、七尺，足高八尺，頸長亦七、八尺，頭身斑紋皆如鹿，……」，以後看鳥，五色斑斕，「白鸚鵡中有能為洋語，喃喃向人」。

在水族館，看到「江豚十餘頭，中為石臺，置兩几其上，江豚躍出几上，向人拜而求食」。有感於園丁與猛獸狎玩，伸手探虎頷而搔其背，執草以招海馬，納拳於鱷魚嘴中，郭嵩燾寫道，「《周禮》：服不氏掌養猛獸而教擾之，於此始見其概」。

郭嵩燾是拳拳服膺西洋文明的，對於西洋新奇巧淫也常以虛心向學的態度加以記錄，此處的萬獸

園即是一例。他並沒有像志剛那樣，率然以中國傳統文化的標準拒絕了西洋事物，但他在本質上卻似乎也未能比志剛在探究西學方面走得更遠多少。這一則或者是因為他此時到英倫尚只有不到一個月的時間，還沒有來得及作深入的觀察和慎密的思考，另外更深層的原因恐怕還在於，當時在英倫鬧得天翻地覆的進化論在中國傳統的知識結構和理論框架中沒有適當的位子，中國學者，哪怕是最前進最開放的，仍沒有探討接受這一理論的準備。

其實在 1860～1870 年代的英國，幾乎沒有人能夠完全置身於關於進化論和達爾文學說的討論之外。郭嵩燾參觀皇家花園時，陪同的就是達爾文的摯友 Joseph Hooker，其時正任皇家學會會長、皇家花園的主任，所以郭嵩燾稱他為「英國雅博士」。Hooker 三代人致力於植物學研究，1839 年結識達爾文以後，對於達爾文工作的每一進展都有深入的了解。1858 年和地質學家萊爾一同安排，同時發表了達爾文和華萊士的論文，對進化論的建立有直接的貢獻。1860 年又在自己的新著中明白支持達爾文的論點，並以新近的研究工作為進化論提供證據。郭嵩燾在他的陪同下看了從亞洲、非洲、澳洲和美洲

引進的各種植物，並聽 Hooker 介紹了植物的地理分
布。Hooker 還向郭嵩燾一行介紹了物種的細微變
異，「茶花亦十餘種，略視各花異樣者折取之，竟累
至二十餘種」。據同遊的劉錫鴻說，這些花後來還插
成花籃送給了中國客人。但是沒有資料表明，郭大
使或他的同行人員曾問及進化論的事。倒是比他稍
早一、兩個月，奉派往美國辦展覽會的李圭途經倫
敦時在大英博物館有一段有趣的討論。在博物館裡，
李圭看見有鳥「小於孔雀，文彩璨然」，好似鳳凰。
但洋人介紹說該鳥叫「都都」，現已滅絕。李圭大不
以為然，於是反駁說：

> 西人每讀吾儒之書，謂龍鳳麟為聖人寓言，
> 不信實有其物。……今觀此都都鳥，既謂其
> 古有今無，安知龍鳳麟非古有今無乎？又安
> 知都都鳥非即鳳凰乎？

　　從中國學問看，李圭的這一反駁很是有力。據
李圭自己說，當時接待他的是一位「撲非色 (profes-
sor)，士子大著名譽，始有此銜」，也是「深服是言」。
這位教授是真的因此就被說服，還是覺得無從說起，

就無法考究了。

是年十月，郭嵩燾往牛津科學博物館看化石：
「有頭頸如鵝而身尾皆魚，又生兩翅。……又鼉魚
上腿骨長逾丈，骨半為石，……云皆在開闢以前，
其諸角骨，奇形詭狀，不可殫述」。

在和平常的往來客人的交談中，也常有如下的
記錄：

> 法爾格生自述英國兵船測量海道，曾附之以
> 至中國。環地球一周，凡歷三年有半。……
> 由澳大利洲至紐西蘭又南行六千里至一島，
> 曰赫爾得，山有大鳥如鵝，成群不畏人，翅
> 短不能飛也。所見此鳥為多，無居民，其他
> 小鳥，亦皆短翅，蒼蠅亦然，……予因語及
> 多音比處見海中所得螺蚌之屬數百種，有小
> 如粟者，……問所得何物，法爾格生曰，有
> 一事亦所宜考求者：有一種石易化石灰，西
> 人以顯微鏡測之，蓋皆小蚌結成，以此知開
> 闢以前必係海地。……

光緒四年五月，他又在外科學院博物館參觀，

看見標本「凡數萬品」，其中有一段記錄如下：

> 其一院專儲異獸骨，得之土中，為世所無。
> 亦有巨鳥，五爪長尺許，脛骨如象而無翼，
> 云皆出洪荒以前也。……弗婁爾取人手足指
> 骨及諸鳥骨獸骨，下至魚蟲，以觀其用，其
> 理皆同。蓋自腕骨歧分為五，亦各分五節，
> 與鳥足無異，獸趾或五或三，或二或一，而
> 脛骨之上亦常有五小骨相倚，而其下並合為
> 一，是以其行疾而遠。魚翅之小骨相比，亦
> 與人手足同。

　　這兒摘選的幾段，是郭嵩燾記下的所見所聞，
但未作任何評論。如果同進化論的論述比較，不難
看出這實在是關於進化論最常見的證據和闡發。在
皇家花園有 Hooker 的植物分布，在牛津有滅絕動物
的化石，稍後又有環遊地球的見聞、無翅的鳥和昆
蟲，之後在外科學院又有人、鳥、獸、魚的上肢骨
的比較。有趣的是，這些被郭嵩燾摘記下來的異事，
全都見於達爾文的《物種起源》，這似乎不能簡單地
歸於巧合。

　　但是在郭嵩燾方面，他所記錄的只不過是「異事」。對於進化論，對於當日劇烈的衝突，深刻的思考，洋洋灑灑的討論，他一概熟視無睹，充耳不聞。現代科學的觀念和結論，只有在它自身的系統中才有意義，才能被理解。零星摭取的個別論點和證據，只能作為「異事」，而不能作為文化被人理解和接受。

　　國人對於達爾文學說的介紹，始見於同治十二年閏六月二十九日的《申報》，報載：「英國有博士名大蘊者，所撰各書為世所稱。近又有《人本》一書，將次出版，蓋以考宇內之人性情血氣是否出於一本也……」，據考證，這兒所說的《人本》當指1871年出版的《人類由來及性選擇》。從當時的通訊條件看，這一則報導不可謂不即時。但是達爾文的新書並未引起特別的注意，除了格致書院的英國傳教士傅蘭雅在1877年秋季的《格致匯編》上提過幾句，說人類「根源如何，亦於人無關緊要」外，直到二十年後嚴復的《天演論》，在中國也確實未聞有什麼後續的發展，這則報導成了一個孤立的歷史事件。

　　生物學的知識從博物學前進到進化論是一個質的飛躍。從博物學本身而言，對於願意「多識鳥獸魚蟲之名」的中國學者說來並沒有什麼不可理解、

不可接受。但是誠如黑格爾所說，一堆知識的聚集並不能構成科學。沒有理論的框架、時間推移和演化的概念；沒有對於演化的機制和動力的假說；沒有比較和歸納的科學方法，進化論即無從成為可能。而進化理論的形成和發展所造成的文化上的震撼和一般民眾的惶惑，又是西歐基督教文化對此一理論的特殊反應。所有這些科學上的和文化上的條件，都不存在於中國傳統文化和知識結構之中，所以同光之間的中國學界、思想界根本感覺不到相關問題的存在，更遑論理解消化這一維多利亞科學的重大成果了。

通常把 1898 年嚴復在天津《國聞匯編》發表《天演論》作為進化論傳入中國的標誌，蓋國人於是始知「物競天擇」、「強存弱亡」。然而值得留意的是，這本書不是作為生物學理論，而是作為社會學著作被嚴復選中的。嚴復所以奮發撰譯赫胥黎此書，實出於甲午戰敗的刺激，並非博物學知識的累積。他對於把進化觀念用於社會的斯賓塞的興趣，其實在對進化論作廣義詮釋的赫胥黎之上；而對赫胥黎的興趣，又在對進化觀念的真正創始人達爾文之上。國人從嚴譯《天演論》這一中國翻譯第一人的第一

書中所看見的，社會對此所劇烈反應的，恰是「保種圖存」；而所有這些同達爾文的演化適應生物發展的觀念，同已經進行了三十多年的「人類由來」的爭論，卻是沒有什麼太大的聯繫了。

本章寫作時利用了鐘叔河為刊印的志剛、張德彝、郭嵩燾的日記所寫的前言，參考使用了 John Murray, *Handbook to London as It Is* (1870?), Edward Topsell, *The History of Four-footed Beasts and Serpents and Insects* (1658)、李仲均、李鳳麟關於麒麟的研究，劉誠關於鳳凰的研究，汪子春、劉昌芝關於人猿同祖在中國傳播的研究，L. K. Little 關於赫德書信的研究與介紹，以及王栻、李澤厚關於嚴復的研究，謹此致謝。

羅亞爾阿伯色爾法多里

Royal Observatory

天文臺

　　西洋的天文學知識，相對於現代科學技術的其他門類而言，進入中國較早，遭遇到的抵抗好像也不似猛烈。這可能是因為對於天象的觀察，中外很有相通的地方：一是研究天體有規律的運動，而研究這種運動的第一個目的是制作曆法，中外皆然；一是研究天空中的異常現象，新星彗星，用來附會人事，占卜未來——中外做法儘有不同，但認知的基礎卻也還可稱類似。至於西洋自中世後期起所津津樂道的宇宙圖景，在歐洲則總括上述兩方面的研究，蔚然成為十六世紀以後的天文學正宗，而在中國則始終晦晦不彰。或以渾天、蓋天、宣夜為中國對天地宇宙的看法，但這些學說畢竟語焉不詳且常年不見發展，實在很難和西洋天文學的宇宙論抗禮。如果一定要追究所謂的「中國不發展」的原因，或

者可以歸諸儒家哲學的務實和理性精神。司馬光說得好：「夫天道窈冥，若有若亡，雖有端兆示人，而不可盡知也」。他因此認為，觀察天象沒有什麼意義，「本不繫國家休咎，雖令瞻望，亦不能盡記，虛費人工，別無所益……」、「是以聖人之教，治人而不治天，知人而不知天」。換言之，這種「有中有不中」的預言，並不能作為政策賴以制訂，國家賴以富強的基礎，從而在本質上否定了這種研究的意義。

從儒家學說的這一基本觀念出發，宇宙圖景問題就多少成了「天地人」的儒家知識結構的一種外在。雖說洋人的曆法在明末清初就傳入了中國並頗見利用，但畢竟局限於技術層面的推算，即歐陽修所說的「有司之事」，而天到底是什麼，宇宙究竟是怎麼一回事，則始終沒有什麼人十分留意，——如果有的話，那大概一定會被整個知識階層視作杞人憂天了。

比較詳細完整的西洋天文學觀念的介紹見於李善蘭譯的《談天》。李善蘭字王叔，浙江海寧人。1852年到上海，入墨海書館，是王韜的同事和好朋友。《談天》的原本是 John Herschell 寫的一本天文學通俗讀物，1851 年在倫敦出版，介紹宇宙圖景，對太

陽系的構造和行星運動有相當翔實的說明。1859年此書譯完出版，或以為於是「到十九世紀六十年代為止的西方近代天文學知識便大部分傳入了我國」，其實當時的知識界究竟在多大程度上知道，更不必說接受了這本書中所談論的圖景，還很值得作進一步細緻的考察。

1858 年秋，恰在李善蘭翻譯該書或是剛剛完成，或是即將完成的時候，有彗星出現。彗星是天象觀察者最留心的異常天象；或許因為它形象猙獰，中外都以它為預示災難的凶兆。據王韜 10 月 6 日的日記：

> 夕，與壬叔（即李善蘭）觀天，見彗星光熊熊然，直掃天市垣，熒惑星將入北斗。聞捻匪勢極披猖，已陷廬州、六合，順流渡江，維揚戒嚴，金陵賊巢，倏又蟻聚，一時又難克服。天象見於上，人事應於下，真為憤悶。又論晦朔弦望之理，壬叔謂古人多望月以定日，故《尚書》多稱哉生明，再生魄，……泰西古猶太國亦然。猶太人常登山巔望月，……每月或二十九，或三十日，三年置一閏，

與中法同。可知古時中外曆法亦有不異者。

　　李善蘭和王韜的上述討論可以看作是咸同之間中國最先進的知識分子的認識。善蘭該是當時中國天算第一人，王韜則是公認的西學先鋒，而於中國古曆尤有獨到的研究。他對這一彗星，作了完整連續的記錄：最初是 9 月 21 日從一葡人處聽說有彗星，以後幾天，陰雨竟日，所以直到 9 月 30 日，薄暮雨止，他才有機會再繼續他的觀察：「夜見彗星甚朗，其行甚疾」。上述 10 月 6 日的討論以後，他一定一直在注意彗星的發展。10 月 21 日，他在日記中寫道：

　　　　聞儀征失守，捻匪勢極披猖，……殘酷無人性，所至屠戮。春間陷浦城，老弱皆膏白刃，……一城僅存二十七人。……吾於此知天心猶未厭亂，實斯民殺運之未終也。今月有三咎征長庚，晝見彗星，經天熒惑侵帝座，準西法言：眾星之行，皆有軌道，無關乎休咎。然天象雖遠，而其應如響，彗星之現，在中國已屢驗，殊為抱杞人之憂也。

　　王韜生逢亂世，身世坎坷，自然未能像司馬光那樣自信，所以對天象的反應，偏在司馬所說的「若有若無」當中的「若有」一邊。他確實知道西法，但從對歷史的考察，他又認為彗星昭示人事在中國「屢驗」。王韜是中國知識分子中最早接觸西學也是最肯接受西學的人之一，他在這兒所表現的混亂或應當視為他內心游移的反映。一個月以後，他以彗星休咎請益於他所尊敬的前輩江翼雲以及經芳洲。芳洲答曰：

> 天道遠，人道邇，雖以占驗望氣之學，亦有所不明。傳云：彗者，所以除舊布新也。蓋否極則泰，治極則亂，其驗或遠或近，不可得而預知。在為上者，修德以禳之耳。道光壬寅年秋間之彗，中華只見其尾，光熊熊，殆將竟天，而其星體則在地球下。以理測之，各在西國。其後英法土與俄攻戰死傷如積……英國兵端至今未彌，則其應在十年之後。……

　　經芳洲的高論在我們看來直是莫名其妙，但王

韜似乎頗以為是，整段抄入日記，並說「翼雲師亦以為然」。與之相應，他還在給友人郁泰峰的信裡，對於李善蘭說數學「可以探天地造化之祕」，是最大的學問，表示不以為然：「算者六藝之一，不過形而下者耳，於身心性命之學何涉」。

和王韜約略同時，郭嵩燾在咸豐後期對於西洋宇宙圖景也還仍舊持半信半疑的態度：

> 邵位西來談，因及西洋測天之略。近見西洋書，言日不動地動，頗以為疑。位西則言：地本靜，而天以氣鼓之，即《易》所謂承天而時行也。張子正蒙已主此說。近日西洋暢發其說，以日為主，五星環之，地輪又環其外。乾隆中，西洋蔣某曾獻此議，上命錢大昕竹汀等質問，終疑其說，勿用。予問經星又環何處，位西言：經星皆日，天外之天，蓋無窮紀也。惟佛先見及此，所以有大千世界之論。經星各自為一世界，而光與此地輪足以相及，故休咎亦與之相應。其說甚奇。

據嵩燾日記，位西造訪嵩燾在 1856 年 3 月 1

日，先上文所說的李善蘭譯《談天》近三年，當時郭正在杭州幫曾國藩辦鹽務。他所看見的「西書」可能是徐繼畬的《瀛環志略》，或是魏源的《海國圖志》，而位西說的「西洋蔣某」應當就是 1744 年來中國的法國人 Michael Benoist，中國名字叫蔣友仁。蔣在所撰《坤輿全圖說》中介紹了哥白尼的宇宙圖景，一般認為這是關於日心說最早的中文介紹。位西的這段解說，和王韜上文中所反映的對西洋天文學和宇宙圖景的認識水準相類似。一是對於學說本身了解的零星和混亂，一是力圖把這些新異概念加以解析變形，使之可以和中國傳統學術中固有的或已消化了的觀念堪相比倫。案嵩燾本開通明理之人，於西學常汲汲然。而在 1856 年，他雖說「其說甚奇」，表示了很大的興趣，但基本的態度則分明是姑妄聽之。即使是頗識洋文，頗能和洋人交流的張德彝，在出國幾次以後，仍舊認為中國的渾天說「言天體狀如鳥卵，……周圓如彈丸，其形渾渾，與西人舊論相符」。並認為渾天說既始於唐堯時代，「早於西人三千年也」。在《坤輿全圖說》出版一百多年以後知識界的西學代表人物的這一取向，表明日心說這一西洋近代學術的核心觀念，在中國並沒有被普遍

地接受。

1861 年 7 月下旬，又有彗星出現在北斗下，郭嵩燾的記錄是：

> 其光競天，愈上則光愈縮，頃出北斗六丈許，光可二、三寸而已。志誠信言：凡火在下，則光斜出長，愈舉愈高，則光見短。彗星漸升天頂，自下視之，光芒縮上，故見短耳，非其真光之斂也。予謂志誠所見甚是。然彗之為星，其光直射，亦但以所見之長短為占應。西法言：彗本有星，隱見以時，其星大小不一。此理可信。陰陽占驗家但據所見以定災祥，不復論其本質也。

這段討論見於咸豐十一年（即 1861 年）六月二十三日日記，記敘了志誠對彗星形象的解釋，雖非盡善，但決不是信口開河的無稽之談。志誠何以有這樣的認識，現在尚無法清楚地指出其來源，而郭嵩燾對他的解釋的反應，「所見甚是」則是很明白的。下文引述的「西法」雖只有寥寥八個字，「彗本有星，隱見以時」，卻是很準確地概括了彗星的本質；而對

陰陽占驗家的做法，則似稍露不滿。

在天體的規則運動或者說制曆方面，中國人似乎更重視月亮的運動，並以此為依據制訂了時間單位「月」。從這一傳統做法出發，對於西洋的太陽曆，便覺得乖謬不可解：

> 西曆每歲三百六十五日，仍分十二月，……無所謂晦朔弦望。……夫一月之命名，繫乎天之月魄。月魄盡，則一月以終；月魄生，則一月以始。天顯其象於上，人遂因而名之。……西人測算之學號稱最精，乃參差其日以為月，致一月之始終日，與月魄決不相符，命名為月，其實則全乖矣。

這是劉錫鴻的一段札記，寫於1877年元旦，當時他正作為郭嵩燾的副手出使英國，從蘇彝士運河駛入紅海。他此時的情緒頗還不惡，遠望埃及，「童山高下，蜿蜒水濱，數百里不絕」，還不像同郭嵩燾鬧翻以後那樣於西法處處詆毀訾貶。說實在的，劉錫鴻在這兒提出的問題確實涉及到了制曆的一個根本困難。案曆法所依據的是三類天體運動：一是地

球繞太陽的公轉，是為年；一是月球繞地球的公轉，是為月；一是地球的自轉，是為日。麻煩的是，這三者之間沒有合適的比例關係，或者說，人們沒有辦法創造出一種記時方法而同時照顧到這三者。陽曆的做法是以太陽運動為依據，這樣設曆的好處在和四季氣候變化較為密合，但月亮的運動卻不能兼顧，於是出現劉錫鴻所指出的問題；而中國慣用的陰曆，以月亮運動為基礎，雖然時患與物候不合，但同朔望潮汐的消長很是一致。中國人在這一點上對西洋曆法的批評，不能說是完全沒有道理。

上文所列的王韜、郭嵩燾和劉錫鴻的看法，多少是 1860～1870 年代中國留心洋務，注意學習西法的知識分子的代表。他們尚未有機會跨出國門實地考察，但也不見得對西洋一無所知。一俟到了西洋，身臨其境，耳聞目睹，他們的看法就有了很大的進步。郭嵩燾是其中特出的一例。到達英倫以後，經 Spottiswoode 介紹，郭嵩燾很快結識了不少天文學家。光緒三年（即 1877 年）三月十一日日記記述了他和天文學者鏗爾斯的最初交往：

鏗爾斯……言四十七倍月當一地球，一千三

百地球當一土星，七十萬兆地球當一太陽。月中兩火山，山皆中空成洞，以火發石出故也。其中空處廣四十里，深三里，山高九里，以用千里鏡向明處照之，其一面暗，則山影也，以是測其高。又有山無水亦無氣：以水氣蒸而為雲，月中無雲，故無水，無水則亦無氣。以是測其寒。……其室中……又懸測光氣各圖，黃者為鉛，青者為鐵，向日照之，知日中所產與地球略同，以其氣相應也。

郭嵩燾在日記裡沒有記下他在這位鏗爾斯家坐了多久，但他在這半天的時間裡聽到的，卻真是不少：先是太陽系，行星、衛星和太陽的相對尺度；其次是月球，其表面的環形山，即所謂的「山皆中空成洞」，還有環形山形成的原因，即「以火發石出故也」；再是太陽的化學成分。這兒的鏗爾斯，可能是 James Challis，一位不太成功的天文學家，這時正在三一學院當研究員。值得留意的是，這位鏗爾斯研究不太成功，課卻講得不錯，他不僅向郭大使講述了當時天文學了解了「什麼」，而且還很通俗易懂地說明了他們是「怎麼」了解到這些事實的：月

亮表面山峰的高度是通過對這些山所投下的影子的
長短測算出來的；因為在月亮上沒有觀察到雲而推
出月亮上沒有水；通過對太陽的「光氣」，即我們下
文還有機會再細緻討論的光譜與地球的光氣的比
較，而知道「日中所產與地球略同」。而所有這些，
又都有賴於用望遠鏡所作的觀測。

郭嵩燾並非第一個利用望遠鏡觀察天象的中國
人。早在十年前，志剛在美國「堪布里支」即麻省
的劍橋和法國都曾見過這種龐然大物，他一方面覺
得「僅得之時刻流覽之間，無暇與之深究而詳察，
未免有遺憾焉」，另一方面，在用望遠鏡看了月亮以
後，對以往所篤信的《淮南子》，志剛也確實發生了
一些懷疑，因為在望遠鏡裡月亮看上去確像是「冰
上積雪」：「因繹其故，蓋日稱太陽，火精所凝也；
月稱太陰，水精所凝也。火精凝則為不散之光，水
精凝當為不釋之冰也。《淮南子》謂月中之暗為地上
山河之影，或為臆度之詞乎？」

和志剛差不多同時，王韜在英國也有機會見到
了望遠鏡，他稱之為千里鏡：

　　千里鏡之巨者，於日中登最高處仰窺，星斗

在十九世紀中，望遠鏡已經成為倫敦市民休閒的玩意兒之一。這是在郊遊中用望遠鏡遠眺倫敦。（選自 Thomas Miller, *Picturesque Sketches of London*, 1852）

> 皆現，能察月中諸山；夜間於海面借天光窺
> 之，舟船檣桅，倒挂下垂，歷歷可辨。

　　志剛和王韜看見了望遠鏡，但是顯然不如郭嵩燾有機會和學有專精的天文學家作深入的討論，所以他們的記錄和感受不外乎是一種奇異的物事或令人叫絕的機器。志剛對於洋人「有候無占」頗有不

解，王韜則把這一經驗列在「製造精奇」一類。鏗爾斯給郭嵩燾上的天文學啟蒙課到底有多少被理解接受是個不容易回答的問題，但至少讓郭大使了解到望遠鏡是科學的一個有機的組成部分，並非獵奇的玩意兒，他的觀感也就大不一樣。兩個月以後，郭嵩燾有機會到格林威治天文臺親眼觀看了當時世界上最先進的，他稱之為「觀星顯微鏡」的觀天利器：

> 其地有小山，星臺在山巔，屋甚小，而山下餘地極寬，多古木。先至觀星顯微鏡，鏡長丈六、七尺，形如巨炮，旁設兩輪，懸置一小屋中，……內壁為圓孔，安鏡，……圓鏡內輪，分秒細如發，從顯微鏡窺之，每秒餘地容寸許，云可於一寸中析至數十萬分秒。……每測一星即發電報通知左屋坐鐘處，……視其所值之分秒，即知每時若干分秒，當為何星南見，……

這應該是天文臺的守時系統。接著，郭嵩燾又在「天文館尚書幕府」Christine 的陪同下看了天文

觀測望遠鏡。W. H. M. Christine 是著名拍賣公司
Christine 創建人的孫子，在劍橋受教育，1870 年起
任格林威治皇家觀象臺的臺長助理，他當時正負責
管理天文臺的行政事務，郭嵩燾叫他作「尚書幕府」，
也還不錯。望遠鏡設在星臺最高處：

> 門左為三層樓，上為圓屋，亦設顯遠大鏡，
> 而架大轉輪，隨天右轉。其中一層設水力機
> 器以轉輪，輪前當窗處亦設顯微鏡以視輪之
> 秒數，從鏡窺之乃可辨。旁設煤氣燈以照夜，
> 觀星率至夜間一點鐘也。其圓屋四周皆為玻
> 璃直板，高三丈許，……

「隨天右轉」，這顯然是自動跟蹤天球周日旋轉
的天文望遠鏡了。從觀星臺下樓，客人一行又被介
紹去看了天文臺的檔案資料館，館中的天文學家正
在處理 1874 年 12 月 8 日，也就是一年多以前的金
星凌日的觀測資料。郭大使特別記下的，還有天文
學家告訴他的，八年以後，即 1882 年還會有一次金
星凌日，而且只有美洲一隅可以看見凌日的全過程，
「餘地惟能一見而已」。

王韜、郭嵩燾所參觀的格林威治天文臺。（選自 *Illustrirte Zeitung,* 17(1851) 205）

　　當日的日記篇幅極長，這些天文儀器無論在規模尺度上、還是在精密靈巧上，一定給郭大使非常深的印象。而八年後的事，到底如何，似乎尚須拭目以待。

　　光緒三年（即 1877 年）十月下旬，郭嵩燾應邀訪問牛津大學，這時他到英國已經有將近一年了。這次訪問有精通漢學的 James Legge 即理雅各陪同，自然能多了解一些新鮮事兒。二十五日參觀大學天文館，館長 Pritchard 親往接待。Charles Pritchard 曾在

劍橋受教育，1866～1868年任皇家天文學會會長，
1870年被牛津大學聘為Savilian講座教授，這恐怕
是郭嵩燾之所以稱他為「天文士之最著聞者」的原
因。牛津大學的天文館正是他和Warren de la Rue兩
人極力奔走籌建的。Pritchard在天文學方面的主要
興趣，也是他對科學的主要貢獻，是用照相方法觀測
暗星。郭嵩燾當時所看見的，就是一具與天球同步的
反射望遠鏡。Pritchard告訴郭大使說，這一龐然大物
「用機器推轉，其遲速並與各星行度相應。每測一星
可至數日夜，更替審伺之」。郭大使顯然未能理解這
一工作在科學上的意義，但仍然興趣盎然地提出問
題：

予問白日可以見星乎？曰惟金星易見。乃屬
其司事審尋。久頃，走報曰得之矣。急往窺
之，正南見一半月，光色甚淡。金水二星在
地球環繞之內，距日為近，其光皆有圓缺，
以行度遠而光小，不如月之易辨也。畢灼爾
得求手記之以為信，乃書曰：某以西曆十一
月二十九日申初見金星大如半月，正當南。
此行得見金星於日未西時。徐雪村所謂金星

多隨日，惟入日度則光伏，其旁照處，日間
可以見之，信不虛也。

　　Pritchard 想請他的中國客人看看用當時最大的
望遠鏡對弱星的照相研究，不意讓郭嵩燾完成了一
次對金星位相的觀察。金星的位相是哥白尼日心說
所稱的最重要的一個可以以觀測直接驗證的證據，
1610 年伽俐略對這一位相的觀測曾經是哥白尼學
說從被懷疑到被普遍接受的轉折點；現在這一觀察
再次表現了它強有力的說服力。郭嵩燾是了解哥白
尼學說的，他看過徐壽的介紹，在來牛津前的一個
星期，還和人討論過這一問題：在十月十八日的日
記提到英人馬格里告訴他：

　　二百年前意大利人格力渥精天文，始推知
　　五星及地球皆繞日而行，太陽居中統攝之。
　　時羅馬教皇主教謂其與耶穌教書違背，繫之
　　獄，而其說漸行於西洋，治天文者皆宗之。
　　……故以為心得之理，晦於一時，而必顯於
　　後世也。

　　哥白尼學說之傳入中國，固然沒有宗教方面的阻力，但要改變中國人常年篤信的天圓地方的觀念，特別是要改變常識所提供的直觀圖景，仍是極其困難的。近代西洋科學史或文化史者較多地談論當時宗教和科學的衝突，而對於認識論和認識過程方面的考量著墨較少。事實上，當年伽里略論哥白尼體系，一個重點就是「根據哥白尼的理論，一個人必須否定自己的感覺」，這一見解確乎深刻；而在哥白尼三百年後，在並無宗教阻力的中國，伽里略的這一見解尤能讓我們親切地體會出來。我們還記得郭嵩燾二十年前第一次聽說西洋天文觀念時的評語是「其說甚奇」，而現在，當他通過望遠鏡親眼看見了這一學說所預言的金星位相，他對於徐壽所說的，表示了明白的肯定：「信不虛也」。

　　這種通過直觀的經驗接受新概念的，決非郭嵩燾一人。上文提到的與郭約略同時的李圭，光緒三年奉命出洋，他的第一個收益就是認識到地球是圓的：

　　　　地形如球，環日而行，日不動而地動，我中華明此理者固不乏人，而不信是說者十常八

九。圭初亦頗疑之。今奉差出洋，得環球而遊焉，乃信。

但是我們也絕不能簡單地把對哥白尼學說的接受歸結為如此的「一目了然」。薛福成在光緒十六年正月的日記中寫道：

> 偶閱《瀛環志略》地圖，念昔鄒衍談天，以為儒者所謂中國者，乃天下八十一分之一耳。……司馬子長謂其語閎大不經，桓寬王充並譏其迂怪虛妄。余少時亦頗疑，……今則環地球一周者，不乏其人，其形勢方裡，皆可核實測算。余始知鄒子之說，非盡無稽，……

洋人說 Seeing is believing，略同於我們中國人說的「眼見為實」。在破除迷信，破除盲目的信仰主義方面，直觀的演示和說明自有其壓倒一切的力量。但是科學精神的本質並不是直觀的展示自然界，而是通過完整的科學探索的程序認識自然，其中起主導作用的，是理性，在很多場合中，或者可以簡化一些說就是推理和演算。這一層的意義，則遠非可

以直觀地領會。1877 年 9 月 24 日，郭嵩燾看見報載「法國利非里亞死」，因而有所查詢，並引出了一段議論，使我們有機會了解他在我們所說的科學精神的下一個層面的看法。

利非里亞即 Urbain J. J. Le Verrier，今譯列維烈，是巴黎技術學院的天文學講師。1840 年代初，天文學界普遍注意到實際觀測到的天王星的運動和利用牛頓力學所算出的理論值有系統的偏差，不少天文學家據此猜想天王星外側應當還有一個未知的星體，而觀測到的實際與理論的偏差正是這一天體對於天王星的引力所造成的。1846 年 8 月，Le Verrier 完成了對未知天體軌道的推算，並把預測結果告知了歐洲的幾個擁有強大觀測能力的天文中心。在接到他的數據的當天晚上，柏林天文臺在 Le Verrier 所預言的天區發現了這個造成天王星運動偏離的未知天體，是為海王星。

海王星的發現常被稱為牛頓力學的最終證明，人類理性的輝煌勝利。現在人們可以說他們不僅知道天上的日月星辰怎麼運動，而且還知道日月星辰應該怎麼運動。原來統攝天地萬物的，不是信仰，不是權威，而是理性。一個三十五歲的年輕人，憑

著物理學的基本定律和一個十元方程，竟然能告訴世界在什麼時候、什麼地方應該有一顆什麼星，這無論如何是理性和科學的不容置疑的勝利。自然，Le Verrier 也成了人人崇敬的名人。

海王星的發現對於英法兩國的公眾來說還有更使他們熱情高漲的地方。在 Le Verrier 完成他的計算之前十一個月，英國人 J. C. Adams 曾作出了類似的計算並把結果交給了皇家天文臺。因為某個奇怪的原因，崇尚實踐的英國人忽略了這一高度理論性的結果，Adams 的論文被束之高閣一年之久，而竟然讓法國人搶了頭功。優先權的問題本來就是很擾亂人心的，何況其中還夾雜著國家和民族的感情呢。1840 年代後期，為了 Adams 和 Le Verrier 誰先誰後、孰優孰劣的問題，又熱鬧了好幾年。

現在 Le Verrier 死了，當然是個新聞，也引起了郭大使的興趣：

> 法國利非里亞死，亦見新報。詢之，為法國精習天文者。二十年前推出海王一星，與英國阿達曼斯相為印證，兩人故不相識也。其占法以墨爾曲里，紐蘭拉斯二星行度稍失常，

> 若有物吸之者，……以此二星之行度，推知
> 其上必有一星，其氣足以相攝，而不辨為何
> 星也。久之而德人始察出一星，名曰勒布登，
> 譯言海王也。

　　除稍有幾處不太準確，如把墨爾曲里即水星也
扯進了這個故事之外，郭嵩燾在相當程度上完整地
了解了這一震驚西洋學界和一般民眾的事件。他的
敘述相當清晰，但是他的看法，即使不是完全的否
定，至少是反駁式的質疑。他接著寫道：

> 往聞曹柳溪籀論海王星最大，西人近始測出，
> 該即利非里亞，阿達曼斯所推出者也。然何
> 以歷數千年談天文者皆未及之？西洋謂天河
> 皆星之聚氣也，其行度遠不可測。或其中諸
> 星有由遠及近，天文家得以窺測，遂謂某星
> 間又添出一星，其實皆星之行度一由遠及近
> 者也。

　　郭嵩燾一上來引用的曹籀，自稱是龔自珍的畏
友，其實頗為江湖。李慈銘說他「文亦不通一字，

凶傲好罵」，當可信，不知嵩燾何以特別留意他的意見。嵩燾的意思是，洋人所謂的海王星，既然不是現在才憑空造出來的，應當早就存在，只不過「近始測出」而已。為什麼以前沒有看見而現在忽然看見了呢?郭嵩燾用他關於西洋天文學的知識解釋說，這是因為這顆星原來在很遠很遠的天河裡，所以沒法看見，但因為這顆星一直在向我們這邊移動，由遠及近，移到了近處，所以就看見了，而天文學家沒有明白這裡的道理，便說「又添出一星」。

郭嵩燾的這段評論在我們看來實在是胡扯。他首先沒有明白科學上的觀測並不是通常意義上的「看」，其意義在於根據理論的預期去有目的地尋找指定的現象，而「看見」這一顆被預期的星的意義更在於這一顆星是被預期的，是對理論的證實，並不在於多看見了一顆星。他的反駁更為科學方法所不容：說這顆星由天河中來，在方法論上說，既是不可證偽的，又是特異性的，這種駁難不合辯論的規矩，從邏輯上看沒有價值。

但是我們這一段評論在郭嵩燾看來一定也是胡扯。他的說法明白易解，任何一個稍明事理的人都能接受，絕不像我們的說法那麼詰屈聱牙。說實在

的，如果現在把郭嵩燾的解釋拿給一般民眾，很可能多數人還會認為他所說的不錯，至少不能被證明是錯的。原來科學的觀念和方法，或者套用流行術語說，科學的規範不是不言而喻的。對這種規範的接受採納必須通過系統的訓練和教育才能完成。郭嵩燾在英國虛心向學，耳聞目睹，在擷取科學所闡發出來的新鮮事物方面的確跨出了一大步，但是要真正理解科學，理解科學的方法和精神，真是還有好幾步要走。

1878 年 2 月 22 日，郭嵩燾又重提了這件事。讓我們吃驚的是，在僅僅過了半年之後，他的看法有了很大的變化：

因憶往年英人阿達曼斯，法人利非里亞相與測天文，以為尚有一星當見。已而意大利人測出之，名曰勒布登，譯言海王星也。其法視日輪上下五星相聯次，而測其中空缺處，以求其行度與左右行星吸力。蓋其星視日輪為遠，則其周天之度亦愈加廣闊，是以歷無測及者。西洋天文士憑空悟出，則遂有人尋求得之。此二人事，亦略見西人用心之銳與

其求學之精也。

他這時雖然不見得領悟到了我們所說的「科學方法和科學精神」，他畢竟注意到了是因為發現「空缺處」在先，而後得以「悟出」，進而「有人尋求得之」。他還修正了他以前關於這顆星來自遙遠的天河的猜想，正確地指出之所以以前沒有被觀察到是因為「其星視日輪為遠，則其周天之度亦愈加廣闊，是以歷無測及者」。郭嵩燾何以會有這進一步的看法，或者甚至可以說是有此意味深長的改變，史料無考。但他當時身廁英倫首都，或從人言，或得之於新聞報導，都不是不可設想的。

羅亞爾蘇賽意地
Royal Society
皇家學會

　　維多利亞時代的一個最突出特點是科學成了文化的一個部分而深入到社會生活的各處。影響所及，遊覽的好去處是皇家動物園和大英博物館；休閒則是去皇家科學院聽科學家演講，電化學和電磁學的開山大師戴維爵士和法拉第都是這種講演最成功的主講人，而赫胥黎的講演則場面更加火爆；H. G. Wells 的科幻小說、Wilkie Collins 的《月亮寶石》以及稍後柯南・道爾的福爾摩斯正膾炙人口，這些小說現在讀起來就像是一本本科學方法論的教科書。比大眾文化範圍稍小而層次較高的，是所謂的「沙龍」。沙龍一詞原出自法文，意為客廳。案西俗，上流社會的主婦常在家中設茶點招待客人聚談，參加者多為社會名流。當維多利亞時，科學既為時興，科學家即成為這種聚會的上賓。風流所至，竟成習

俗。在這種場合，談話內容自然是與科學相關的主題，或某個領域的最新進展，或整個科學的總體前瞻。參與某一聚會的核心分子，儘管專業不盡一致，但氣味相投，而且所談也常能相互發明，於是就慢慢地形成了一種小團體，時常會晤，彼此介紹本行的發展和研究的心得，日久漸成定例。

這些聚會團體中最有名的是「X俱樂部」，由赫胥黎在1864年發起，創始之初除了赫氏之外另外還有八人，都稱一時之選：John Tyndall是皇家研究院的自然哲學教授，1867年接替法拉第在三一學院的工作，1874年起任英國學術促進會會長，發表就職演說鼓吹科學高於宗教，語驚四座；George Busk是外科醫生，1871年起擔任皇家外科學院院長，我們還記得正是在這個學院的博物館裡，郭大使第一次看見了胚胎的標本，第一次了解到原來人、獸、禽、魚的上肢骨有驚人的類似可比之處；Herbert Spence是社會達爾文主義的創始人，1860年代中期發表的《生物學原理》讓他名聲大振，二十年後嚴復就要從他這兒發展出令中國知識界怵然警醒的「保種圖存」大義；Edward Frankland從1865年起就是皇家學院的化學教授，郭大使訪問時他正在籌建化學研

究院。除了這幾位，還有日前陪同郭大使參觀皇家花園的 J. Hooker 和現在邀請郭大使一行茶點的 William Spottiswoode。斯氏是上面提到過的 Tyndall 的學生，對中國客人特別友好，在郭嵩燾一行駐英期間，從他那兒發來的參加各項活動邀請幾乎沒有中斷過。

1877 年 3 月 24 日，郭嵩燾、劉錫鴻並譯員三人正是應他的邀請去參加了一個演示光學研究的茶會。「葛羅佛之夫人，年約六旬，亦以博學著名」，接洽周旋，與會者多為科學方面學有專精的研究者或是社會上活躍的名流，而中國使節補服燦爛冠帶莊嚴，儼然雜廁其間，當亦可稱作一種奇景。郭嵩燾既是中國正式的外交代表，到達英倫以後幾乎立即被上流社會所接受，從而能直接進入知識界的精英團體，這和一般的到訪者如王韜之輩有相當的不同。當天有很多人來和中國客人攀談寒暄，除了上文提及的 John Tyndall，郭嵩燾稱他為定大，據張德彝記，還有伊文士即 Frederick J. Evans，水文地理學家，以解決在鋼鐵結構的船艦上使用指南針的困難著名，由其科學成就而封爵；歐多恩即 Thomas Oldham，以關於印度的地理和地震研究著稱，葛蘭

敦即 John H. Gladstone，皇家科學院院士，當時正致力於把光學的研究成果運用到化學中去。特別可以一提的是侯金嗣即 William Huggins，天文學家，他同 W. A. Miller 一同設計建造了天文觀測專用的分光鏡。在 1860 年代中，他首先提出亮星和太陽有相類似的化學組成，若干重要的星雲有些是真正氣態物質的聚集。1866 年他又第一個完成了對新星的光譜觀測。至於 Spottiswoode，我們行將看見，他所要演示的，正是他本人的專精。當天與會五十多人，學者政要，濟濟一堂，都是「本國名流」，而所要看的表演，也的確是相當的豐富。據郭嵩燾的日記，他所見如下：

> （光緒三年二月）初十日，斯博德斯武得邀看電氣光，蓋即用兩電氣線含碳精以發其光。用尖角玻璃照之，其光分五色。云凡白光中均含五色，以五色灰（羲案：疑當為「匯」）聚而和之，其色皆白，以白能含諸色故也。以三尖角玻璃平擋電氣光，則光斜出，為平面出光，兩面斜處有伸縮，其光隨之以射出平面也。

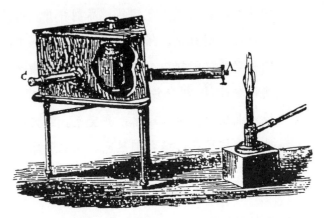

1870 年代物理實驗室裡採用的分光鏡。(選自 Charles Loudon Bloxam, *Chemistry, Inorganic & Organic,* Philadelphia, 1873，本書的部分內容後來由徐壽譯成中文，在上海格致書院出版)

郭大使的這段記錄似乎不甚好懂。他的副手劉錫鴻的記錄稍微詳細一些，略云：

初十日午刻，斯博的斯武德請茶會，與其師丁達演光學以助談柄。光學者，所以明色之變也。其法以碳燃火置諸鏡匣，碳小如指之一節，鏡小如杯，而圓光之印諸幔帳者，則大數圍。隔以方玻璃，猶一色耳。以三角玻

璃映之，則其光五色璨然，界劃井井。由是
摯紅繒以附紅光，繒之紅不改。附諸綠光，
則繒變藍。附諸白光，則變為黃。又鎪水晶
使稍分厚薄，轉諸鏡匣中，則其光善於變色。
燒水晶使熱，復涼以水，亦變色。勁力以握
玻璃，亦變色，緩之則無色。又以鹽煉木入
火，則人面及五色之物皆藍，……

而張德彝的記錄，前半段和劉錫鴻約略相似，
後半則幾乎完全相同。我們或者可以假設劉錫鴻的
日記是事後從張處轉抄而成的。這倒不一定是因為
劉某為人委瑣，日後每為論者訾貶，遂擅加以抄襲
之名，實在是因為錫鴻全然懵於洋文，一招一式，
一點一滴，全賴張等翻譯。張德彝當日的日記載：

初十日丙申晴。未正，同馬清臣，鳳夔九隨
二星使乘車三四里，赴司柏的斯伍家茶會。
伊為英國名士，精於光學，乃與其師丁達，
同請入內室演試之。夫光學者，所以明色之
變也。其法四面遮閉黑暗，正面掛大白布一
幅，對面立木架，上置高燈，射光於布，其

光力與日光同，係以炭燃火，置諸鏡匣，炭小如指之一節，銅筒如小杯而圓，光之由筒照於白布者，其大數圍如月。隔以方玻璃，猶一色也。以三楞玻璃映之，則光分五色，界劃井井，如紅黃白藍黑，放紅綢條於紅色中，其色不變；移入綠光，則變為藍；移入白光，則變為黃。又鍥水晶使稍分厚薄，轉諸鏡匣中，則其光善於變色。燒水晶使熱，再浸以冷水，亦變色。勁力以握玻璃，亦變色，緩則無色。又以鹽煉木入火，則人面及五色之物皆藍。以五色畫一車輪而急轉之，則第見其白。合五色粉而勻之，亦變為白。

綜合他們三人的記錄，特別是利用張德彝的記錄，我們可以大致了解當天的演示。其中最後一個最簡單，意在顯示用各種單色光或者各種顏色可以混合產生諸如太陽光之類的白光或白色。早在 1670 年代，牛頓在研究光和顏色的本質時利用三稜鏡使太陽光分解，即散射成單色光，發現太陽光是由各種不同顏色的光混合而成的。為了給理論提供更充分的證據，牛頓又從相反的方向，即用合成的方法，

混合各種顏色，證明的確可以由此形成白色，從而對太陽光是由七色混成的作出說明。他還用不同的顏色塗飾小風車的轉輪，一旦風車急速旋轉則風車看上去像是白色，說明顏色的本質。這些實驗曾多次見於他的筆記；而用各色粉末混合形成新的顏色，用以說明顏色的本質，也是他常用的論據，見於他的《光學講義》。

Spottiswoode 重複了牛頓的這兩個實驗。張德彝所看見的，一是以「以五色畫一車輪而急轉之，則第見其白」，一是「合五色粉而勻之，亦變為白」。這對郭嵩燾一行或者還有些新意，對其他在座各位飽學之士當然只是常識。Spottiswoode 之所以要做這一演示，據他同時做的其他幾項實驗推測，可能是為了突出「正題」，即和利用多種顏色的光合成為白光相反，他要把多種顏色混合而成的光分解為各個單色。他所要介紹的，是當時方興未艾的光譜學研究。

所謂光譜，就是通過技術手段把多種顏色混合的光分解成單色光，而這些不同顏色的單色光所特有的不同角度的折射，使得分解所得的光在遠處的屏幕上形成一條像彩虹似的光帶即光譜。光譜可以

通過兩種方法得到，一是用稜鏡即一具截面為三角形的透鏡，一是用所謂的光柵，即刻以細密平行的劃痕的平透鏡。Spottiswoode 在演示中先後用了這兩種方法。他用的光源是一對碳精電極產生的弧光，這種光非常亮，可以產生比較好的演示效果。他先使電弧光通過圓形導管和透鏡，即張德彝所謂的「銅筒如小杯而圓」，再以三稜鏡把白光分解，在遠處的屏上造成「光分五色」，得紅、黃、白、藍、黑次序井然的連續光譜，並用紅綢帶顯示各個部分均為單色光。完成這一演示後，他又用水晶光柵，即張記中所說的「鍥水晶使稍分厚薄」的這樣一種玩意兒，在同樣的裝置中得到散射光譜。

白光所形成的光譜常包含各種顏色的光，這在物理學上叫做連續光譜。單一的元素在炙灼熾熱時發出的光常為一種或幾種特定的顏色，化學家們把這樣形成的光譜叫作特徵光譜。這種「特定顏色的光」在光譜上形成明亮線條，叫作這一物質的特徵譜線，如鈉為明亮的黃色雙線，鋰是一條紅線和一條橘黃色的暗線，鉀為暗紅，而銫為天藍。一種元素一種樣式，好似這一元素的身分證，決不會錯亂混淆。1860 年前後，德國人基爾霍夫和本生最先根

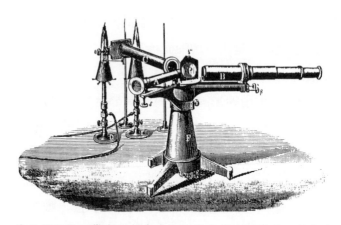

維多利亞物理學家向郭嵩燾介紹的光譜分析儀器。圖中遠處的是本生燈和窺管，化學物所產生的光由此攝入支架中央的稜鏡。（選自 Ludw. Bullauff, *Die Grundlehren der Physik*, Langensalza, 1879）

據這樣的想法，利用譜線來甄別樣品中所含的各個元素，從而實現了通過觀測樣品在光譜中顯示出來的特徵譜線，確定樣品的化學成分的分析方法，即光譜分析法。這種方法極其靈敏，通常能輕而易舉地探測到三百萬分之一毫克的物質的存在，所以幾乎立即就成了分析化學家手中最銳利的武器。1860～1870 年代是光譜分析術發展的高潮，郭嵩燾一行在 Spottiswoode 的客廳裡觀看光譜演示的前一年，

1875年9月，法國人正是利用這一犀利無比的工具，發現了新元素鎵。

從張德彝的記錄中，我們了解到當天他們花了不少時間來看光譜。最後的一個節目是以「鹽」入火，則「人面及五色之物皆藍」。由這一描寫，我們可以猜想這兒的「鹽」應當是銫鹽。銫是一種稀有的金屬，是這一新技術的發明者本生在 1860 年從 Durkheim 礦泉水蒸發剩下的殘留物裡發現的，特徵光譜是藍色。Spottiswoode 在這兒所做的實驗，很可能是在利用銫的光譜，演示德國人是如何用光譜分析方法發現新元素的。

根據我們上面幾乎是逐字照錄的郭、劉和張三人的記錄看，他們對於所看見的東西似乎是完全莫名其妙。Spottiswoode 所演示的對於他們說來是如此一種天方夜譚，虛心向學的郭大使也好，頗通洋文的張德彝也好，甚至於都不能把他們所看見的完整地記錄下來。我們知道在 1855 年英國醫生 Benjamin Hobson 和李善蘭翻譯出版的《博物新編》裡提到過光譜，徐壽在 1860 年代和華蘅芳通信也討論過光譜，還用水晶圖章磨製過三稜鏡，但是這些知識顯然只是在以墨海書館為中心的三、五個人的小

圈子裡流傳。這些 1870 年代歐洲最新的科學成果對於道光二十七年會試二甲三十九名賜進士及第的郭嵩燾和他的同事來說實在是太困難了。這一困難是文化交流、衝突、溝通、擴散的一個典型案例，讓我們再把它細分為三個方面作進一步的研究。郭嵩燾一行之所以困惑莫名，一是在他們舊有的知識結構中沒有可資比較的對應物，所以完全茫然不知所措，對於這一突如其來的新經驗連一個暫時擱置的地方都沒有；一是他們接受新事物、新知識的準備還沒有形成系統，他們的思維模式和規範與他們所要處理的對象全然不合，所以也沒有能力作歸納或分類，更不用說理解其意義了。說實在的，他們比當年劉姥姥進大觀園還要狼狽。姥姥初見自鳴鐘，「噹啷」一響，確實讓她嚇了一跳，但她還能馬上和篩面的籮作對比；郭大使儘管淵博，卻仍然想不出四書五經裡有什麼可以和光譜作比附；至於光譜的意義，中國客人當晚可能和劉姥姥對於榮府上下為什麼都要用鐘錶一樣，全然不可理解了。第三方面的問題是他們的英文程度尚不足以甚至是最粗略地了解主人為他們提供的相關解釋，阻礙了哪怕是最低水準的消化和吸收。對於光譜分析技術而言，

中國同治朝知識界的精英實在是不得其門而入。

英文的問題最明顯。——不用說郭嵩燾，我們現在讀了十年英文再出洋的人，哪個不還是覺得英文處處阻礙？張德彝是他們當中英文最好的，他的記錄也最可讀。儘管他把展示光譜的屏說成是一幅「大白布」，他總算是粗略地記下了當天的實驗。如果只有郭嵩燾的記錄的話，我們恐怕沒有什麼十分的把握能重建當天的情景。

他們的全然不可理解表現在對此一活動的記錄的異常簡略。郭嵩燾是細心向學之人，通常參觀遊覽乃至和人談天應酬，苟有可記，一定是詳加採錄。在這一天的日記中，對五色絢爛的光譜分析術，記錄才僅百餘字，和他日記中隨處可見的對於工廠、博物館的動輒數千，甚至上萬字的鉅細無遺的記錄全不相類，只勉強及於當天他和數位「傾談逾時而未詢其名」的士紳的會晤。嵩燾非獨懶於此，蓋無從措手也，蓋所謂馬二爺遊湖，「不知他搞的什麼玩意兒」。唯一的評論倒還是劉錫鴻用的《易經》，胡盧提地一下子把光譜分析術給罩住了：「英人皆謂之實學，蓋形而下之事也」。

中國傳統文化對學問的分類，首見於《易經·

繫辭》：「是故形而上者謂之道，形而下者謂之器」。
朱熹說理是形而上，戴震說成形就是形而下。劉錫
鴻既然見到了這麼多成形的東西，把洋人的這套玩
意兒劃分在形而下，應當是很妥當了，而不屑之意
也盡在不言之中了。可是這樣的知識分類系統無法
把利用儀器探測自然規律的光譜分析術納入其中
——這個集形而上和形而下為一體的玩意兒是中國
文化所從來沒見過的，所以他們無所措手足。這第
一次看見，有些突如其來，不知如何對付，那也罷
了。但是從郭嵩燾的日記可知，他在以前、以後和
類似學問還有過多次的接觸，有著多處如下類似的
記錄：

> （光緒三年六月初九日）斯博得斯武得……
> 邀看光學，皆用水晶及玻璃小片，用燈一座，
> 置鏡數具其前，照之皆成五色，變化離奇。
> ……其畫光六片及花朵及山石者，照之皆五
> 色，斑斕錯雜；稍一推移，各色皆變。光學
> 中亦兼熱學，其理本相同也。

這一記錄距上面討論的「茶會」不過四個月，

所演示的項目基本相同，我們再一次看見對裝置粗
陋的描述和對這個實驗的不知所云的評論，而且郭
嵩燾也完全沒有徵引提及上次的經驗。不久，——

> 紐登見示光氣車，用小玻璃瓶管，中段如瓶
> 式，上下皆細如管，中置風輪，凡四分許方
> 片四，用鐵絲交午為輪式，中安小管，套入
> 豎針內，見太陽光則旋轉如飛。是日雨，燃
> 麥克尼西恩金照之，其光刺目如日。逼近瓶
> 旁，輪轉愈急。考問其所以然，則用千層紙
> 金為方片，即光氣所由發也。……一面放光，
> 一面用黑煤塗之，則自衝轉。

　　這是演示光壓，支持光的粒子說的一個重要實
驗。案據光學的一派說法，光是由極細極小的粒子
匯合成的粒子流。既然是一種「流」，撞擊到障礙物
時就應該會表現出一種推動力。這兒的極其輕巧的
風輪，正是充當扮演了一種障礙物，它在光的照射
下轉動，正表現出受到衝擊，提示了上文所說的粒
子流的存在。因為實驗裝置相當簡單直觀，郭嵩燾
的記錄就未見什麼困難，甚至連人工光源來自燃燒

金屬鎂即他所說的「麥克尼西恩金」都有正確的記載，這說明他並非對此不感興趣或不屑為記。當然他沒能了解到，這個「小玻璃瓶管」必須是抽真空的。至於所以然者何，則只能是一句「光氣所由發也」這樣一句莫名其妙的話對付過去了。至於光譜分析，因為正是當時科學發展的熱門話題，所以郭嵩燾一行實際上有很多機會接觸到這方面的知識。早在鏗爾斯家作客時，他們其實就聽說過用光譜分析術探測太陽的事兒，他在日記中也曾有「又懸測光氣各圖，黃者為鉛，青者為鐵，向日照之，知日中所產與地球略同，以其氣相應也」之類的記錄。在上面我們詳加討論的 Spottiswoode 家的茶會以後不久，好客的斯氏又請了郭嵩燾參加了他和 Tyndall 和 Norman Lockyer 的聚會，會上他們討論觀看了同樣的東西：

> （光緒四年正月）十二日。……羅爾門路喀爾以光學測天星，製一鏡窺火而辨其光氣，如著鹽即知火中有鹽質，著五金之屬即知火中有金質。因是以窺星，知某星鐵產若干，銅產若干，鉛產若干，皆能辨其光氣而測之。

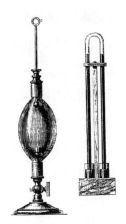

1860 年代物理實驗室用來觀測放電管的真空管，郭嵩燾所看見的，很可能是類似的裝置，右邊是用來測量真空程度的氣壓計。（選自 J. Frick, *Physical Technics, or Principle Instructions for Making Experiments in Physics*, Philadelphia: Lippincott, 1861）

　　這可是當時全世界天文學和物理學的最新成就了。四個月後，光緒四年五月，郭嵩燾再一次在樂頡爾，也就是上一則日記中的羅爾門路喀爾，即天文學家 Lockyer 處觀看了用三稜鏡做的光譜分析，主人向他解釋了鈹、鍶等稀有金屬的譜線。樂頡爾還利用他親手所繪的太陽光譜圖向郭嵩燾介紹了太陽的化學成分：「近測日中諸物皆備，惟無養氣，

……」對於這些非直觀的理論推理和推論，郭嵩燾的反應是：「予也未敢深信」。他顯然無法把這些他所多次看見的，這些當時第一流的專家向他介紹解說的，實際上密切相關的知識排比貫通。細看他的記述，他並沒有能夠真正看懂他所看見的東西。對於郭嵩燾和他的同事們來說，所有這些，只能是零星擷取的孤立的奇聞異事了。

要想理解這些異事，需要一種理論構架，需要調整或重建他們整個的思維方式和定義規範。在中國傳統文化中現有可資利用的，只有「氣」的概念。郭嵩燾用「光氣」、「電氣」之類的名詞來談光和電，對於萬有引力，我們還記得在談天文時提到過，他的概念則更加模糊，逕稱之為「其氣足以相攝」。至於這兒的「氣」到底是什麼，他卻並不準備深究，也沒有感到有什麼不安。事實上，郭嵩燾一行並不是中國人第一次接觸光學和光譜分析術。早在十年前，1866年即同治七年七月，美國人就在麻省讓志剛看過太陽的光譜以及光譜上的吸收譜線。這可有點兒讓人吃驚，因為這時距德國人提出吸收譜線的解釋才剛剛七年。志剛在日記中記錄了他當日所見：

……由鏡窺之，則見日光之色如虹，黃紅紫綠之色較然可分，各色中又各有烏絲界，匪夷所思矣。

他當然不知道對於這些所謂的夫琅和費線的基爾霍夫解釋，但他很快提出了他的猜想：

或曰：日為兩間光氣之大本（義案：原文如此，似不可解），凡四時之行，百物之生，無不秉其光氣。然天行雖然不息，生物雖然不測，而軌度寒暑，千古不忒，飛潛動植，厥類維彰，是必有其變易中之不易者。今目遇之而成色。此日光中所以有較然不紊之烏絲界歟？

匪夷所思。我們當然絕無責備志剛或郭氏的意思，──說實在的，他們要是在這時候能完整正確地運用近代光學來看這些實驗，那才真正是匪夷所思呢。我們想要說的，想要強調的，是兩個完全獨立的文化在這種無公度的領域裡的溝通是多麼困難；或者大膽一點兒，我們幾乎可以說這種溝通是

近乎不可能的。平庸如志剛也好，穎睿如嵩燾也好，在這兒的差異不過是志剛胡亂說了一通不可索解的話，而嵩燾則保持了明智而謹慎的沉默。而兩者相同的地方是，特別容易注意到的，是在記敘論述時，他們都利用了「氣」這一概念。對於這樣的做法，他們絲毫沒有覺得有什麼問題。在我們的文化傳統裡，氣的概念是無處不在，而且是不可須臾或缺的：文天祥有正氣，李林甫則有邪氣，皇宮有帝王之氣，秋天有蕭索之氣，冷子興用它來分析榮國府，沈括用它來解釋太陰玄精——一直到現在，我們還在用這個概念來說明很多說不清的事：植物長得好是因為地氣好，股票漲得好是因為人氣旺，志剛、嵩燾輩以此來理解聲光電化，於理當然，而理直則氣壯。對這一做法的質疑，要直到三十年以後，才由嚴復提出來。在 1909 年出版的《名學淺說》裡，嚴復尖銳地問道：

> 今試問先生所云「氣」者究竟是何名物，可界說乎？吾知彼必茫然不知所對也。然則凡先生所一無所知者，皆謂之「氣」而已。指物說理如是，與夢囈又何以異乎？

嚴復在這兒指出的，是中國學術中一個根深蒂固的問題，即概念的定義不清。這一錮疾在我們的文化中植根之深，直至一百年後的今天仍舊可以很容易地看出來。而以科學革命為起點的近代科學的第一要義恰恰就是要明白地、無歧義地定義基本概念。我們可以粗略地說，這一思考論述的方法上的改變，或可視為觀念現代化的一個標尺，甚至是一個標誌。1632 年當科學革命行將進入高潮的時候，伽里略在他的名著《論世界體系》中談到引力概念時，這樣尖銳地批評了利用模糊不清的詞來蒙混、掩蓋無知的人：

你錯了，辛普利丘；你應當說誰都知道它叫做「吸力」。我問你的不是它叫什麼名字，而是它的本質，而你對它的本質和你對那個使星體運動的原因同樣地毫無所知。我只知道它的名字叫什麼，而這個名字是由於不斷的日常接觸而變得家喻戶曉。但是我們並不真正知道是什麼原因或者什麼力量使石頭下落……，或者什麼使月亮周轉。我剛才說過，

我們只是對第一種情況給它一個比較特殊而具體的名稱「吸力」，而對第二種情況給它一個比較一般的名稱「壓力」，對最後一種情況則稱之為「神力」，……正如我們把此外無數運動的原因歸之於「自然」一樣。

綜觀上述文化傳播中的三個值得特別注意的方面，除去語言隔閡這一比較技術性的障礙外，沒有對應物事，從而無法通過比較同化，而消化吸收是一個更深刻的問題；而整個文化的思維模式、定義規範則是下一個層次的更加根深蒂固的文化要素，不易察覺更加不易改變。直至今日，我們仍可以看見很多在自然科學某某方面學有專精的人在他專業以內和以外用完全不同的思維方式考慮問題，前者邏輯縝密定義精嚴，而後者則仍沿襲傳統模式，更加思辨，但也更加含混模糊。

本章參考利用了 T. W. Heyck, *The Transformation of Intellectual Life in VictorianEngland,* London: Croom, 1982，關於科學團體的研究，謹此致謝。

鏗密斯脫利
Chemistry
化　學

　　1865 年夏天，英國人傅蘭雅來到了上海。這時這位剛剛二十六歲的年輕人已經是很有些經歷了：四年前到香港，擔任聖保羅書院院長，不久往北京同文館執教，馬上又應曾國藩的邀請赴上海，——他是要在剛剛開辦的江南製造局裡任職。江南製造局是咸豐同治時期中國洋務派開辦的少數幾個新式工廠之一，顧名思義，重在製造，而且事實上還只是軍工製造。因為製造中常涉及一些西洋文獻，所以附設翻譯館，取其便利快捷。一年多以後，傅蘭雅在這兒遇見了一位比他年長二十一歲的中國人徐壽，從此開始了兩人長達十七年的合作。這一合作最膾炙人口的成果有二，一是翻譯了數量可觀的科技書籍，二是創辦了格致書院。

1870年代的上海江南製造局。（選自吳友如，《申江勝景》，
光緒十年序本）

譯書用的是「林紓模式」，即傅口述大意，徐演
繹成文。據傅蘭雅自己說：

> 至於館內譯書之法，必將所欲譯者，西人先
> 熟覽胸中而書理已明，則與華士同譯。乃以
> 西書之義，逐句讀成華文，華士以筆述之，
> ……譯後，華士將初稿改正潤色，令合於中
> 國文法。

後來的史學家統計，徐譯共十七部，其中最為
人稱道的是所謂的化學大成八部，尤其是以《化學
鑑原》及其《續編》和《補編》為名的前三部更是

被視作近代化學傳入中國的濫觴。《化學鑑原》的底本是威爾斯，即 David Ames Wells 所著，1858 年出版的 *Principles and Applications of Chemistry*，是一本介紹化學基本知識，特別著重化學知識應用的通俗讀物。威氏著作頗多，除了傅蘭雅、徐壽翻譯的化學書外，他先前還寫了兩本鼓吹科學的小冊子，即 1850 年的《科學發現》和 1857 年的《科學常識》，而他的《威爾斯自然哲學》，一本問答式的介紹日常科學知識的小百科全書，1857 年問世，至 1869 年已出至第十五版，當是當時很流行的普及讀物。傅蘭雅很可能在青少年時代讀過他的某一本或數本書，而且印象頗深。所以既然要找一本化學入門書來翻譯，威氏即是最易於中選的對象。《續編》和《補編》則是從蒲陸山的 *Chemistry, Inorganic & Organic* 採譯，《續編》留意採納翻譯的是該書關於有機化學的介紹，《補編》則側重化學實驗。案蒲氏即 Charles Loudon Bloxam，倫敦 Kings College 的化學教授，該書 1867 年初版，皇皇七百頁，1873 年三版，徐壽在 1875 年出版的譯本在時效上不能不說是相當的先進。這本書的英文原版相當成功，1877 年原著者去世以後，迭有再版和修訂，到 1913 年由其子 A.

G. Bloxam 與 S. Judd Lewis 主持出至第十版，篇幅也擴充了將近五分之一。蒲氏似乎和中國有緣，不僅書在中國行世，而且後來還親自指導了中國最早留英學化學的學生羅稷臣。

　　這些專著對於當時的化工或兵工生產可能有些貢獻，但對於一個尚無準備的知識階級來說，作用似乎相當的有限。格致書院的教師欒學謙在大約1875 年前後寫成的一份手稿裡，記敘了他講授《化學鑑原》的情形：

> 中國於化學一書，近年以來，已譯多種。……間有一二篤學之士，能自通曉者，然未親躬嘗試，終成隔膜。余……於今正開院（義案：指他在格致書院開課）以來，每於星期前一夕，教講《化學鑑原》數篇。奈書首卷多屬化學條段，理頗深奧，聽者味同嚼蠟……自愧所試，僅屬端倪，未能盡致，以滿學者之心。實以書院所有器料，殘缺不全，一切未能應手。欲添新器，一時難備，並無吝於試驗……

以上譯書教學兩端應當是 1870 年代中期郭嵩
燾輩在倫敦時，中國對於西洋化學吸收的情形。我
們看見，一方面是相當數量的化學知識已經譯成了
中文，另一方面，這些知識被中國知識界接納則還
是剛剛開始。這些譯本其實並沒有在很大的範圍裡
流通，以致於到 1920 年代已經很難再找到了。究其
原因，大概一方面是上面藥學謙談到的實驗條件的
缺乏，但更重要的恐怕還是當時的知識界無論在預
備知識和思維方式上都還無力消化吸收這些全新的
東西。化學知識多多少少還是從遙遠的西洋傳來的
零星孤立的奇聞異事。

郭嵩燾到達倫敦以後第一次有記錄的以化學為
主題的談話是在光緒三年四月二十一日，即 1877 年
6 月 2 日，當日他與他的老朋友，英國人馬格理即
MaCartney 聚談：

> ……略及英國言化學，分別本質不變者凡六
> 十三種。養氣，炭氣，輕氣三者為之大綱，
> 合金石，則化分而析之，而氣之本質自在。
> 其諸生物，本質不變，五金之屬為多。……
> 中國言金木水火土五行，西國言地水火風四

大；近言化學者，謂地水火皆無本質，養氣與淡氣合而成水，土火尤雜諸氣。如水乾之即不能還本質，養氣與淡氣合亦自生水，故無本質，與諸氣合，即化分之，仍還本質。惟金類為繁：金銀鉛鐵，種類極多。西學於銅類分列紫銅白銅二種：紫銅曰科白爾，白銅曰尼客爾。紫銅合鉛則為黃銅，合尼客爾則為雲南白銅。銅合炭氣變綠，能毒人。其五金之屬，各有本質，而所用各別。略記數種：一曰色里西尼，加養氣為火石，名色里戛；一曰馬克西尼，微似白銅，煉成薄片可燃，加養氣為石灰；一曰戛爾西恩，加養氣為石灰。炭一分，養氣二分為炭氣，又加炭氣為石。一曰博大西恩，投水中變火，加養氣為鹼。西人於此推求化學，以辨五金之種類。

從郭嵩燾的記錄來看，這位馬格理先生所主要介紹的是關於元素的知識。1870 年代以來，由於元素週期律的發現和分光鏡的採用，新發現的元素較之前數年大增，一般人對此的興趣也因此大大提高。

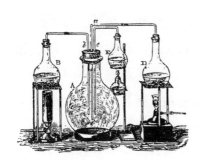

兩個十九世紀化學的典型操作。上圖　硫酸製備。下圖
蒸餾。（選自 Charles Loudon Bloxam, *Chemistry, Inorganic &
Organic,* Philadelphia, 1873）

元素即郭嵩燾上文中的「質」或「本質」一共六十
三種，但究竟什麼是元素，馬氏倒是語焉不詳，——
或是郭大使未能記錄下來也未可知，只是說「本質
不變」者。有意思的是，嵩燾對元素的領會，首先
建立在和中國古代的五行和希臘四要素對比的基礎
上，然後刪其謬陋，重新整合，當是一個典型的比

較－同化的認識過程。接著記錄了幾種元素，銅是科白爾，即 copper，當無疑義；而雲南白銅作尼客爾，即 nickel，應是將鎳誤作錫了。色里西尼當是 Silicium，今作矽，舊名砂，「加養氣為火石」一說，當是指矽的氧化物二氧化矽。二氧化矽質地極其堅硬，古時用來敲打取火，又稱燧石。至於馬克西尼為 Magnisium，徐譯作鎂，戛爾西恩為 Calcium，徐譯作鈣，而博大西恩為 Potasium，徐譯作鉀，描述清楚，一望即知。儘管郭嵩燾知道徐壽的譯著，他在談到元素名稱時卻並沒有採用徐譯，因此令我們猜想他事實上大概並沒有閱讀過徐譯。郭嵩燾對於化學當然不是專精，但他對化學出版物的興趣卻頗令人吃驚。光緒三年十月二十八日即 1877 年 12 月 2 日的日記提到，中國留學生——

　　（羅）稷臣在京斯科里治（義案：即 Kings College）學習化學。其總教卜洛克生，上海新譯化學書作蒲陸山，著書數種，通名「卜洛克生」。第一種言化學之理，第二種言化學之法。為稷臣言化學書精者，以哇脫所著三十六冊為最。哇脫，德國人，其書已譯英文。

凡言化學者名曰鏗密斯脫利（義案：即 Chemistry）。

　　羅稷臣即羅豐祿，在郭嵩燾到達英倫不久由李鳳苞帶領到倫敦學習化學。所謂「上海新譯化學書」即上文提到的《化學鑑原續編》和《補編》，蒲陸山原著，徐壽譯作二十四卷，1875 年刊行，此時距原書初版約八年，如以流行的第三版言，那時還不到三年。兩個星期以後，他又聽到羅稷臣的更詳細的介紹，而且似乎更加直接和易於接受：

　　（光緒三年十一月十四日，1877 年 12 月 18 日）羅稷臣留談化學，極可聽。西洋言天下萬物皆合諸質團結而成。其一成之原質，惟有六十二種，而略分三類：一曰實質，如諸金之屬；二為流質，如磺強水之屬；三曰氣質，如養氣、炭氣之屬。淡氣合養氣，炭氣而成，無本氣。水合淡氣、養氣而成，亦無本質。鹽合綠氣及蘇的阿摩而成，亦無本質。蘇的阿摩，希臘語作納，亦金屬，可以燃成火光。人身兼有三質，而炭氣為多，血中有

鐵有砂。

羅稷臣先是說了原子結成分子，這是化學的出發點，在當時的英國學術界已是常識。然後說了物體的氣、液、固三態，最後是幾種常見的化合物如水、如鹽。留意上述記錄中，誤把氮氣即文中的「淡氣」當作化合物，說是由「養氣」和「炭氣」合成，並說人血裡「有砂」，頗不可解，或者羅稷臣當時初學，所知尚未精當，或是郭大使記日記時勉力回憶他所聽見的全然不可理解的東西，一時誤記。但不論如何，如果以海外奇譚來看這些關於元素的知識，並把它們作為「志此備考」的「一說」加以記錄，我想在中國的知識界不會引起震動，甚至可以說是完全沒有問題，可以接受的。但是當這些灰暗晦澀的說陳在實驗中以絢爛奪目的色彩，夾雜著令人心顫股戰的爆裂聲出現時，中國的知識界精英們恐怕無法不為之動容。在郭嵩燾一行抵達倫敦三個月以後，他們就有機會親眼目睹化學的神奇。據張德彝的記錄，那是光緒三年三月十五日，即 1877 年 4 月 28 日，是日——

陰涼。距公署半里許，有名士戴蕾呂者，善
化學電學各藝。已正請往觀其試驗，遂同黎
純齋，馬清臣，鳳夔九，劉鶴伯，張聽帆隨
二星使步至其家。屋宇不宏闊，而玻璃筒罐
木匣等具，羅列滿壁。

「玻璃筒罐木匣等具，羅列滿壁」。這一句話把
維多利亞時代的化學實驗室描寫得如在目前。戴蕾
呂即 Warren de la Rue，他在科學方面最大的貢獻是
在對微弱星光的照相研究，在參觀牛津大學天文館
時郭嵩燾還要再聽他講解他的專長。既要獲得弱星
的清晰圖影，就要改進照相技術，於是他又轉向化
學。今天他要演試的，首先就是我們今日所稱的光
敏化合物。郭大使一行匆匆坐定，只見戴氏──

出一木盒，有玻璃瓶十餘，裝藥其中，狀如
鉛粉，向明處照之，攝入光氣而成五色，置
暗屋中，益明顯，須臾而散。言照相鏡惟成
黑白二色，不能具五色，加入此藥乃具五色，
然不能久。再過數年，當有法使其色久而不
變。

接下來則是一個氧化還原反應。De la Rue 的本行是照相術，所以用的試劑仍是攝影技術中最常用的銀的化合物。

> 先以銀納強水中，銀即化為粉。入鹽少許，則銀粉下沉。洩去強水煉之，則銀粉黝黑如碎牛角，再以火吹之，則復成銀。凡物煉之化形，皆可還原。

這是先把銀溶解在硝酸中，再加鹽酸鹽，很可能就是食鹽，產生氯化銀沉澱。氯化銀析出後，在空氣中進一步氧化，變成黑色的氧化銀。所謂「以火吹之」看來是在氫氣中加熱還原，重新析出金屬銀。De la Rue 做這個實驗的目的，無非是為了向他的中國客人介紹元素在化學反應中不會改變。他利用天平進一步指出，不僅元素本身不變，而且其重量也不變：

> 如以四兩炭灼火，置於二斤重之玻璃罩中。炭化灰後衡之，重僅數分。若封固其罩而燒

之，與罩同衡，仍是二斤四兩。蓋玻璃罩物，最不洩氣，故炭雖化，其氣仍存。如以皮袋兜取其氣，合灰煉之，仍為炭。又燒炭室中，其氣外散，草木受之，復成炭材。燃煤爐內，其灰下撲，地土受之，復毓煤胎。鐵置久而生鏽，刮而煉之，仍為鐵。

這是整整一百年前，1774 年法國人拉瓦錫用來證明物質不滅定律的著名實驗。張德彝準確地記錄了 De la Rue 的解說，表明他對所看見的實驗有相當的理解。但同時在座的劉錫鴻的看法卻比這些實驗所要傳達的元素和物質不滅的原理還要再前進一步。在日記裡，劉錫鴻這樣記錄這一天的活動：「使寓之北半里許，有明士德拉陸義者善雜藝，十五日請正使與余往觀其演試」。然後他先是照樣登錄了張德彝的記錄，「先以銀納強水中」云云，直至鐵鏽可以復煉為鐵，炭灰則復毓煤胎之類，突然筆鋒一轉，寫道：「是故人死復生為人，畜死復生為畜，此物理之固然，無可疑者」。

劉錫鴻的想法是不是受了佛教輪迴轉世的影響，一時驟難斷言，但我們中國人對於「物理之固

然」的事，確實常取一種平靜的態度，或者說是囫圇渾全地接受，不再作進一步地追究。上述 De la Rue 的實驗，中國人其實早就見過。先他兩百多年，就有精通黃白之術的道士利用這個反應來騙人。最初見於明代的《剪桐載筆》，後來被說書人編輯演義，成了有名的故事，編在《拍案驚奇》第十八卷，說的是有一個道士用詐術騙人，偽稱能點銅鉛為銀，上當的人不少。說書人於是評論說：「看官，你道藥末可以變化得銅鉛做銀，卻不是真法了？原來這叫作縮銀之法。他先將銀子用藥煉過，專取其精，每一兩只縮作一分少些。今和鉛汞在火中一燒，鉛汞化作青氣去了，遺下糟粕之質，見了銀精，盡化為銀。不知原是銀子的原分量，不曾多了一些」。至於究竟如何變化，為何變化，似乎不在議中，此所謂大而化之。這種囫圇渾全的做法顯然和儒家的「天地人儒也」的高度綜合的思維方式相一致。這種綜合的思維方式，有時便於在更大的尺度上全面綜合地考察問題，但同時也引發了如錫鴻所作的那種不倫的類比，這和以語言唯恐不嚴密，分析唯恐不細緻的現代科學的思維方式，當然是格格不入了。

但是科學既然揭發了現象之間的因果關係，而

因果關係對人的直覺又常常是如此地不言而喻，即所謂如影斯隨如響斯應，科學也就有可能在即使像中國和西洋這樣絕不相類似，很難比較溝通的文化之間找到重疊的部分。在看了化學實驗以後，劉錫鴻有機會同洋人聚談，對於疾病的看法竟然也起了變化。他自述在 1877 年 4 月 28 日：

> 案馬氏所是日……至夜，身體殊不適。馬格理曰：此鬱居一室所致也。外洋謂天氣為養氣，謂人腹所吐及凡物鬱積之氣為炭氣。人受養氣多則無疾，受炭氣多則疾生。故須遊行空曠，常見天日，以吸養氣。即止於室中，亦宜敞開窗牖，使與養氣相接。

說和中國傳統的說法頗有相合，所以劉錫鴻沒有感覺困難即予接受，另外例子似也通俗明白：

> 假如有人於此，其體素健也，其所居廣廈也，飲食非缺也，闔其扉，塞其牖，盡彌其罅隙，不及數日，其人必死。以養氣胥決，所吸皆炭氣也。深房邃閣，鍵閉久之，乍入之而死

者，中國以為逢祟，非祟也；船艙地窖，蓄積米豆，舂進之而撲者，中國以為中毒，非毒也，皆炭氣所為也。

　　這兒所舉的三個例子，究竟是錫鴻自己聯想發展的呢，還是馬格理用來當作佐證的，遽難斷言，但它們所表現出的強大的說服力，卻是人人可以感受到的。化學和我們已經討論過的天文生物諸學問的一個明顯的不同是它的實用性，這對於被洋人洋槍、洋炮、子彈、炸藥打得糊裡糊塗暈頭轉向的咸豐同治時期的中國人，更是感受深切。正如羅稷臣所說，「化學之用多端，有軍火之用，有農務田種之用，有六畜之用，如某氣雜某氣則易肥大之類，有五色之用。西洋人考驗精微，而力駁中國言黃白之術。謂五金皆本質，比假他質配合，無可變化之資也」。郭嵩燾和他的同事們，甚至劉錫鴻，儘管他常以鄙薄西學守舊不化為人垢病，都很快了解到，除了造炸彈炸死人之外，化學還可以幫助人生活得更健康，這就更是引起了普遍的興趣。劉錫鴻現在得到的馬上可以付諸實用的原則是：

> 火最食養氣，故閉門熟睡，不可熾火。水最
> 食炭氣，故臥榻之旁，不妨置水。

類似的記錄也見於郭嵩燾。在和一位洋醫師談話中，郭嵩燾了解到了炭氣即二氧化碳和人的關係：

> （光緒三年八月二十五日，1878 年 10 月 1
> 日）洋醫師惟善（在初譯為施密特，蓋洋姓
> 也），送書數本，蓋教士之習醫者也。論……
> 引生氣除炭氣。氣有四：曰養氣，曰淡氣，
> 曰濕氣，曰炭氣。生氣百份，養氣居二十一
> 份，淡氣居七十九份，斯為中和之氣。炭氣
> 與炭同類，一出於人之呼吸，一出於火之焚
> 燒，在生氣不過千分之一。凡有血氣之類，
> 獨吸炭氣即死。

這兒的「生氣」就是我們今天所說的空氣，而引人注目的是關於炭氣即二氧化碳的知識。郭嵩燾不僅正確地指出了空氣中二氧化碳的兩個主要來源，而且知道二氧化碳致人死命的原因和血有關。他當然未能再進一步說出血紅蛋白和二氧化碳的結

合之類的細節，但單單這一句「凡有血氣之類」的總結，就夠令人吃驚了。我們還注意到「在初」即張德彝在這兒的翻譯，看來這些通洋文的年輕人真是起了了不起的中介作用。除了使館的工作人員以外，在稍後一些的時候，留學生更是溝通中外知識和人事交流的重要渠道。我們很容易注意到，在郭嵩燾關於化學的記錄中，有相當大的一部分來自於留學生羅稷臣。但是，正如我們反覆力圖指出的，接受科學所提示的若干事實，採納個別的結論和完整地理解科學，特別是科學精神，實在是兩回事。在英倫的兩年多時間裡，郭嵩燾一行有很多機會接觸到化學方面的學者，觀看化學實驗，最初的一段時間裡，記錄一般說來尚稱豐富翔實，但是大同小異。抵英一年多一些以後，情形有了變化。在一則談論化學最新進展的日記裡，郭氏表現了和以前所記確實迥異的態度，引起了我們的興趣。這是光緒四年正月二十四日，1878 年 2 月 25 日，他記錄了一項他聽說的化學理論方面的重要的進展。至於這一消息從何而來，未見記錄，對我們的研究說來殊為可惜，但在前一天中郭嵩燾恰恰提到李鳳苞偕羅稷臣訪曼徹斯特歸來，暢談遊歷見聞，或假定這一

番消息來自羅氏，當不太離譜：

西洋治化學者推求天下萬物，皆雜各種氣質以成。其獨自成氣質凡六十四種，中間為氣者三：曰養氣，曰輕氣，曰淡氣。氣亦有質，可以測其輕重。其餘多係五金之屬。以金質可使凝，可使流，可使化為氣，而其本質終在。西洋於此析分品目甚備。數十年前，英人有紐倫斯，推求六十四品中應尚有一種，而後其數始備。至一千八百七十一年，日爾曼人曼的勒弗始著書詳言之，謂各種金質，辨其輕重，校其剛柔堅脆，中間實微有曠缺，應更有一種相為承續。至是法人哇布得隆又試出一金，在化學六十四品之外，名曰嘎里恩摩，其質在錫與黑鉛之間。其試法亦用英人羅爾曼洛布爾斯光氣之法，湊合五金之質，加之火而以鏡引其光，凡有本質不能化者，必得黑光一道，雜六十四品試之，則得黑光若干道。又於其光之左右疏密，以辨知其為何品。……試之有異，乃悉取鉛錫二種金，權度比較，雜合燒之。其光分析，各道疏密

適相備也，於是乃增化學之言本質者為六十
五品。

　　這段文字可以分成三段來看。開頭和以前很多
類似的記錄沒有什麼太大的區別，說是天下萬物共
有六十四品等等，但從「至一千八百七十一年」起
的第二段，明白記錄了俄國人門捷列夫，即郭氏所
稱的「日爾曼人曼的勒弗」關於週期表的工作，雖
然稍欠準確，其大意完整，足以引人注目。更令人
吃驚的是從「至是法人哇布得隆」起的第三段。哇
布得隆即 Lecoq de Boisbaudran，現在通譯作列科
爾，在以後的學術生涯中他將取得和本生、基爾霍
夫相抗衡的名聲，而現在還只是鋒芒初露，以在庇
里牛斯山的閃鋅礦中發現元素鎵而得以揚名於世。

　　先是，聖彼得堡的化學教授門捷列夫分析了當
時已知的六十三種元素的化學性質，發現如果按元
素的原子量排列，這些性質呈以每隔七個元素為單
位的週期性變化。他以這種週期列表，遇到有不符
合他的理論所假定的這種週期性的地方，即插入空
位，即郭嵩燾所謂的「中間實微有曠缺」。門捷列夫
進一步假定還有尚未發現的，但性質符合週期律要

求的元素存在，並且在週期表中占據他所預設的但完全是虛構的位置。1869年他的工作發表，世稱門氏週期表。週期律既為假說，其正確與否自然是誰也不能斷言，但以此為基礎作推論，卻可以具體地預言幾種尚未發現的元素的種種性質。1875年8月，列科爾發現了鎵，並很快發現鎵其實正是門氏所預言過的一個元素，當時門氏名之為埃卡鋁，意為在週期律中排列在鋁後面的一個元素。對鎵的性質的研究表明門氏在五年前對此一元素的性質，預言準確到了令人難以置信的地步。整個學術界為之震動，而週期律的真理性也由是確立。

郭嵩燾在這兒記錄的，正是這一段歷史，距1875年9月20日巴黎科學院正式宣布列科爾氏的發現還不到兩年半，可謂相當的及時。案國內對門捷列夫的工作的最早報導，據張子高等人的研究，當在1901年初，見於杜亞泉主編的《亞泉雜誌》第六冊，虞欽和譯，有主編亞泉的按語，略云「周期律向來譯書未曾述及」云云，和徐壽的翻譯相比，整整晚了三十年。在化學知識介紹方面獨獨冷落了週期律，大概是因為國人最初對化學的了解，常集中於應用方面。這顯然是當時的環境，尤其是知識

界痛惜國力衰弱，急於改變現狀，急於求成所致，但另一方面也反映了科學理論的理解和接受不同於個別的科學結論，個別的事實的採納；理論的接受不僅需要知識的準備，而且還需要文化上的一種鑑賞能力。

郭嵩燾的這段日記因此極宜留意，不僅在時間上早於《亞泉雜誌》二十多年，而且在談論鎵的發現對於週期律的意義方面更遠遠超出了他同時代的知識精英的認識。在敘述了鎵實際上只是印證了週期律的理論預言之後，郭氏重提了他半年前了解到的關於海王星發現的故事：

> ……因憶往年英人阿達摩斯，法人雷非里亞相與測天文，以為尚有一星當見。已而意大利人測出之，名曰勒布登，譯言海王星也。其法視日輪上下五星相聯次，而測其中空缺處，以求其行度與左右行星吸力。蓋其星視日輪為遠，則其周天之度亦愈加廣闊，是以歷無驗及者。

郭氏注意到，這兩者都是先有預測，後有發現

的。對海王星而言：「西洋天文士憑空悟出，則遂有人尋求得之」。對鎵而言，則是門氏發現元素周期律「中間實微有曠缺」，而法國人又尋得一金。郭氏顯然是自覺地認識到了這兩個發現個案的相類似之處以及它們的特殊意義，認識到在這兩個事例中，發現了一件物事只是其科學成就的一小部分，而真正重要的在於洋人的這種做法。郭氏當然不可能有更加清晰的敘述，但他確實有敏銳的洞察力，說到了點子上，對洋人的科學成就讚譽有加：「即此二人（義案：指發現鎵和天王星兩位科學家），亦略見西人用心之銳與其求學之精也」。

案科學並不等同於關於自然的知識，後者是科學建立發展所必須的一個條件，但絕非，而且遠非科學全部。近人做中國科學史，有執著於個別事件、個別論述，曉曉然以為此即「古代科學」，其實是走錯了方向。科學是一個完整的系統，自有其結構和規範。要而言之，先是對現象的觀察和測量，通過歸納整理，得出一種假定性的說詞，是為假說；在理論允許的範圍內作演繹，得出若干推論，這些推論常可以與事實或現象作比較對照；如果相符，則整個理論成立。所以人對因果關係的認識，或廣而

言之謂科學的認識，實在是建立在「對預期的驗證」
之上。這是科學真理性的本質所在。郭嵩燾所注意
到的、所選擇記錄下來的這兩個事例以及和它們相
關的史實，該是國人對於科學精神的最早的接觸和
品鑑。

本章參考利用了袁翰青關於中國早期化學教學的
研究，徐振亞、阮慎康關於徐壽譯著的研究，張子
高、楊根關於杜亞泉的研究，曾昭掄關於江南製造
局所譯諸書的流傳的通信，M. E. Weeks 和 H. M.
Leicester 關於週期律的建立和驗證的研究，謹此致
謝。

波斯阿非司—得利喀納福

Post Office-Telegraph

郵電局

　　沿著倫敦市中心最熱鬧的 Holborn 街往東走，穿過 Farringdon 街，就上了一條稍窄的 Newgate 街，街的右邊是 Bell 旅社，1684 年大主教 Leighton 就死在這裡。再走不多遠，到了 St. Martins-le-grand 街口上，迎面看見的就是郵電總局。這是維多利亞時代倫敦人引以為傲的一處建築，——即使以今天的眼光看，也仍舊稱得上巍峨。這座花崗岩的大廈，長 120 公尺，高 21 公尺，由 R. Smirke 勛爵設計，歷時五年，最後在 1829 年 9 月底落成交付使用。大廈正面，六根愛奧尼亞渦卷裝飾的大立柱及其正上方碩大的三角形拱頂，構成正門，而兩側的邊門則另由四根類似的柱子烘托，和正門遙遙形成左右對稱，使這座希臘式的建築在難得一見的燦爛的夕陽裡顯得更加莊重典雅。這就是王韜在同治七年戊辰

即〈1867 年〉春天途經倫敦時所見到的情景。他在
他的遊記裡寫道：

1860 年代的倫敦郵政局。（選自 Eklisee Reclus,
Londres illustre, 1865）

1880 年代的倫敦郵電總局。（選自 Sir Walter
Besant, *London in the Nineteenth Century,* 1909）

偶過電信總局，入而縱觀。是局樓閣崇宏，
棟宇高敞，左為郵部，右為電房，室各數百
椽。內植奇花異草，種數繁多，幾莫能名。
盆中一樹，高約二尺，上罩玻璃。其葉如艾
似榕，葉上生葉，攢簇茂密。詢其名曰「子
母樹」，乃由遠地攜來。總辦師戾（義案：當
為英人名 Smith）導覽各處。堂中字盤縱橫排
列，電線千條，頭緒紛錯。司收發者千餘人，
皆綺年玉貌之女子。

　　王韜注意了三件事。一是棟宇高敞，這是當然，
這麼高大巍峨的建築，誰看了都會印象深刻；二是
這幢大樓裡種了不少植物，他好像頗花了些時間觀
看這些奇花異草；三是收發女子皆綺年玉貌，這是
王韜至老津津樂道的一個主題，常涉浮豔。至於他
說「千餘人」倒是沒有誇張，我們知道，在 1850 年
代，在這一大廈裡工作的確實多達一千五百人，約
略占整個倫敦區三千三百名郵政雇員的一半。

　　十年以後，去美國參加世界博覽會的李圭途經
英國回國。在費城 Market East 上船，經過十天的顛

簸，陽曆 11 月 7 日即光緒二年九月二十二日，他所乘坐的羅得克賴夫號駛近英國海岸。這時他雖尚未抵達倫敦，但因海浪平靜了許多，所以有興致走上艙面，極目海空，紓緩一下幾天的辛苦驚嚇：

> 二十二日，能至船面小步，胃口頗健。……戌正二刻，舟過發四納地方，距岸約十二里，遙見一燈，忽隱忽現，船桅亦懸燈應之。詢知此處距君士湯埠（在英屬愛爾蘭島東南）僅二百二十八里，設有號燈，見船桅燈為何色，即知為某某公司之船，可由電線寄信至君士湯埠，俾彼處搭客預備上船，並收發書信。一面由君埠電信報雷城，使知此船將到，再由雷城報知（該船原出發地）費城，則船尚未抵岸，而雷、費兩城新聞紙已刊布。凡搭客兩處親朋，心皆慰矣。

李圭在旅途中的焦慮是可以想像的。和他的前輩一樣，李圭從小讀書應試，想走的是讀書人的正途，結果不幸生於亂世，太平軍興，他的家鄉屢罹兵燹，而他自己則落得個家破人亡，被亂軍挾持，

留在軍中做了三年文案，好不容易才隻身逃脫，過上了幾年好日子。從紐約到英倫十幾天的航行，一忽兒霧氣溟濛，海天不辨，一忽兒風聲水聲相叱咤，船身海勢相撲擊，真不知道能不能安全到達。而現在，有賴於電報的便利，「兩處親朋心皆慰矣」，真是讓人鬆了一口氣。再次日，船到利物浦，李圭驚訝地發現，在英國休假的海關稅務司副司長屠邁倫已經在碼頭上等著接他了。原來身在費城的赫德給屠某發了電報，「請其來照料也」。

有屠某的幫助帶領，李圭免檢通過海關，直奔倫敦。一到城裡，又有稅務司金某派來的「英人胡姓來此引路」，送至旅館，「房屋高廣，鋪設華麗，即金君得電報後所備者」。原來電報真是方便，這一路上，李圭深深領會到電報的好處，所以儘管在倫敦只作短暫停留，他還抽空特地去看了電報局：

> 電報局樓高四層，與郵政局相對，歸郵政大臣管轄。惠儀兩君偕往。見電機設於二層，有木櫃長約四丈，高六尺，深尺餘，界為兩千數百格，每格若小箱然，各有一鐵線。凡地球各國通都大邑，皆可通信。大小電機千

英國王子出席介紹電報的晚宴。(選自 *The Illustrated London News,* 1870 年 7 月 2 日)

　　數百具，用人約七百名，女多於男，每人管機二三具由局寄往他處之信，以碼代字，按字撥機，隨寫隨動，隨動隨達。動畢，而彼處已得信矣。其接他處之信，視電機一動，隨即照字錄出，送至別室。

　　李圭看得比王韜仔細，他注意到電報的寫法是「以碼代字」，這兒的「碼」很可能就是摩斯電碼。

Samuel F. B. Morse 是紐約市立大學的教授，早在 1832 年去歐洲旅行的船上，他就有了一套用「碼」來傳遞文字的想法。可是他運氣不佳，英國人不怎麼相信他那一套，直到 1844 年才在美國做成第一次成功的傳遞。雖然早在 1845 年英國就對公眾開放了從倫敦到 Gosport 的電報線，但並未採用摩斯碼。直到電報通信被廣泛採用以後，各國使用統一的電碼才作為一個急迫的問題被提出來，而摩斯才最後得售其技。1850 年代，歐洲大陸各國先後採用了摩斯碼，英國則稍後之。但是到了 1870 年代初，這種編碼在英國也已廣泛採用。張德彝曾記錄說「英國寄電信，有用字母者，有用小橫與點以代字者，經合眾國人摩斯創於西元 1870 年，法係橫用一點為 E，二點為 I，三點為 S ……」。他一定對這一編碼印象深刻，在他死後出版的《哀榮錄》裡，還有一頁特別刊出了他記錄的電碼。陪同李圭參觀電信局的「惠儀兩君」失考，但似乎並非郵政部門的工作人員，所以看來不如張德彝淵博，未能為李圭提供更多的資料。

電報對於國計民生的意義幾乎是不言而喻的，當然不會逃脫對於富國強兵處處留心的郭嵩燾的注

張德彝用「電信新法」即數字—字母—漢字翻譯系統翻譯的一首詩，可用電報發送。這麼一首小詩而被慎重其事的選入哀榮錄，可見時人對此的重視。

意。在抵達英國以後不久，光緒三年二月初一，即1877 年 3 月 15 日，郭大使應「信部尚書滿刺斯約赴波斯阿非司－得利喀納福觀電報」：

> 管電報者非舍得。凡分數堂：倫敦一堂，所轄各部二堂，各國一堂，新聞報一堂。……凡設電報數百千座，每座一人，垂髫女子至八百餘人。電報各異式，而總分三等。一設二十六字母，用指按之，此舊式也；一盤紙轉而運之，以著點長短成文，而視其斷續成

句，此新式也。二者皆及見之。一辨聲知字，
運用尤靈，其機尤速，此又新式之尤奇者。
其前為電報牌約千餘，視其座之數。其下盤
電線，皆用數目標記之。再下亦設牌，引電
線入池，強水盒過電氣者列其前，又一人司
之。

　　郭嵩燾所見和王韜、李圭又不同。一是有電信
局的主要負責人陪同，了解自然比較系統全面，看
到了舊式的按鍵式和新式的紙帶式的兩種電報機，
——至於所謂的「辨聲知字，新式之尤奇者」，他沒
有能見到，以文意揣測，可能是關於剛剛在發展的
電話的傳聞。他後來還從英人馬格里處聽說有一種
「聲報」，可及六十里遠，「鼓弦縱談，六十里如在
左近」。事實上，他稍後的確在堪興坦博物院看見了
這種新鮮玩意兒。據他的翻譯張德彝所記，那是「英
人貝臘（義案：即 Alexander Graham Bell，他是美
國人，但確實生在蘇格蘭，德彝可能因此稱之為『英
人』）新創一種電氣傳音器，名太來風者，係人口向
皮筒言之，聲自傳聞數里或數百里」。郭嵩燾好驚新
奇，一定對這種電氣的使用多有諮詢。一個月以後，

他的好朋友，科學家 De la Rue 讓他在電學方面大開眼界：

（1877 年 4 月 27 日，光緒三年三月十四日）諦拿爾妻約至其家聽講電學。收貯電氣八千八百瓶。略記其言電學精處。……其一，張玻璃管引電氣，而硝強，磺強，鹽強為色各異，入管內輒成小輪，或斜射如魚骨，以氣之紓疾為光之疏密，力愈弱則光愈散。其一，引輕氣以敵電氣，張玻璃管吸取輕氣納入之，而引電氣過其中，則成小圓輪，疏疏落落，……其一，電氣相接而過，稍空分秒則中斷，盡引八千八百瓶之電氣則力厚，穿空而過，可及三分寸之一。其一，化水為氣，……用兩銅錐繫金絲其端，鼓氣以通電氣，約歷時一分半，雙引電氣至錐端，其聲相薄如雷，而金線立化。白金絲化作一小粟，黃金絲則化入玻璃片，若界畫然。……其一，電氣之力化為吸氣。安指南針於架，前後兩輪，約電氣線數十重，引電氣過而針自動移，……

郭嵩燾的這一段描述實在不太高明。他那一天一定是看了很多演示，然後在事後根據印象記錄下當時所見。他既然不能理解他所看見的東西，自然眼花繚亂，記錄也就詞不達意，甚至難免有些誤記。就現在我們所見的文字，大概有這麼幾件事比較清楚：一是 Dela Rue 所用的電源相當的強大，若以八千八百只單電池計，總電壓可達一萬三千伏特。一是實驗演示時首先用這一高電壓作氣體電離放電表演。不同的氣體在不同的稀薄程度下通電，會形成類似極光的光暈，現在我們叫它作電離。電離的現象依所用的氣體、電壓的高低以及所用氣體的稀薄程度而不同。而郭嵩燾所謂的「氣之紓疾」指的大概就是玻璃管內的真空程度。部分真空中的放電在十九世紀上半葉為很多研究者差不多同時注意到。這一現象非常美麗迷人，雖說對於電或氣體的理論未能立即提供深入研究的線索，當時卻是為一般公眾所預備的科學講演中最受歡迎的一個節目。幾乎和郭嵩燾在英國觀看這一表演的同時，光緒三年五月間，上海格致書院裏最早接受西學的中國學者也正在做相同的實驗，後來在該院出版的《格致彙編》裡有所描述。這篇文字可能出自徐壽或傅蘭雅之手，

所以看起來比郭嵩燾的敘述要來得更清楚可讀一
些：

（光緒三年五月，狄考文，義案：即 C. W.
Mateer，講電學）來聽與觀眾之客有五十餘
人，講附電氣之理甚清楚。用器具顯出附電
氣之性質最為靈巧。所試演之事用抽氣筒在
玻璃罩內得真空，而真空中通附電氣，又用
大小玻璃管內充輕氣、氧氣等，令附電氣通
過，其顏色最為可觀。

即便在科學已經發達的維多利亞英國，這一實
驗所牽涉的，仍是當時物理學最前沿的問題，對於
此一現象的可能的解釋仍是學界長時間討論的課
題。在看了實驗以後，郭嵩燾問主人：「電氣入玻璃
管而成輪花，何也?」這倒是真把飽學的物理學家給
難住了，De la Rue 只好據實以告：「此自然如此，其
理尚未能格也」。

下一個演示是以一萬伏特以上的電壓擊穿空
氣。據嵩燾的估計，兩電極之間的空隙有三分之一
寸也即將近一公分之多。最後敘述的一個實驗最清

楚，那是電流產生磁場引起指南針偏轉的表演。這一電流的磁效應是法拉第在 1821 年聖誕節前幾天發現的，並在節日當天給法拉第夫人作了表演。法拉第的發現由他的學生 John Tyndall 詳加記錄。這個後來被郭嵩燾稱之為「定大」的人在評述法拉第這些電和磁的工作時說:「我不能不認為……關於電磁的這些發現是迄今為止所獲得的最偉大的實驗成果。這是法拉第成就的勃朗峰」。現在郭嵩燾就坐在皇家院士定大家的客廳裡，觀看他重複乃師的像勃朗峰一樣偉大的實驗。

我們當然可以肯定「定大」們完美地完成了這些演示實驗，我們也可以同樣肯定郭嵩燾什麼也沒有看懂。他自己恐怕也覺得有些遺憾，在當天的日記最後寫道:「吾於此等學問全不能知，姑記其所言如此」。雖說不懂，郭大使對「此等學問」的興趣並不見絲毫減弱。他不僅看，而且發問，不僅發問，而且詳加記錄。他是為什麼呢?

在他當天所記下的七、八個實驗中，排在第一的一段文字，除了和先前郭大使看到過的電報局似乎有些關聯之外，在我看來實在是不知所云:

其一：以小銅絲分引電氣，謂之耽誤（義案：
delay？繼電器？），可以耽誤至萬分。……製
小木箱貯銅絲而插牌其中，由一分至萬分，
分牌記之。安設電報，中途有斷處，亦可由
分數推知其里數，而知其斷處當得幾萬幾千
幾里。

　　如果略去對實驗本身的描述，我們看見郭氏所
記，重在這種「耽誤」的應用。案在電報的早期鋪
設使用中，保護線路不使受損，以及一旦發生線路
損壞如何迅速判斷損壞地點以便及時修復，一直是
一個大問題。這一問題的存在及其重要性並不需要
高深的學問就可以充分地認識，因此也可以想像，
深思敏睿的郭大使對此自然也有注意。而現在，通
過一種「吾人完全不能知曉」的學問，這個問題竟
然可以迎刃而解，這種學問本身的價值即不問可知
了。電學理論以其可見的實用性輕而易舉地向中國
客人證明了它自身的價值。豈只郭嵩燾所見如此，
十年前王韜早就作了相同的判斷：

　　按電學創於明季，雖經哲人求得其理，鮮有

知用者。道光末年，民間試行私制，而電線
之妙用始被於英美德法諸國，其利甚溥，其
效甚捷。凡屬商民薈萃之區，書束紛馳，即
路遙時遍，頃刻可達，濟急傳音，人咸稱便。

「其利甚溥，其效甚捷」，當然值得予以特別的
重視。當年九月初十及十二日，郭大使應邀訪問了
「電氣廠」。這兩天的日記長達四千多字，記錄了「用
熱力發電」和「可以去頭風」的各種電器。在廠辦
公室裡，他還試用了剛剛發明的電話，聽技術人員
詳細介紹了電話的原理：「聲在耳中，如錐刺之，則
自知痛，痛不在錐也。鐵膜動，與耳中之膜遙相應，
自然發聲」。這段說明在我們今天對電話原理有所了
解的人聽來似乎還算清楚，但對於既無人耳的解剖
學知識，又對電器機械一無了解的郭嵩燾來說，實
在是太難了。在照錄他所聽見的介紹以後，郭嵩燾
寫道：「然其理吾終不能明也」。儘管如此，他還是
興致勃勃地參觀了電器廠的各個車間，包括製造水
雷激發裝置和製造我們今日所謂的「漆包線」，郭稱
之為「電線加漿皮」的車間。值得留心的是，郭嵩
燾儘管一再聲稱他對於所看見的東西完全不懂，但

仍然備加注意。不僅聽而且問，不僅看而且記，而
且記錄極其詳盡。不久，郭嵩燾又有機會了解到電
氣應用的又一個重要的發展，所不同的是，電報是
英、美、德、法諸國已經廣泛採用了的，電話是已
經成形可以付諸實用的，眼見為實的新技術，而這
次看見的，卻是當時正處在研究探索階段的東西：

> （1878 年 3 月 22 日，光緒四年二月）十九
> 日晚赴斯博得斯武得之召，……酒罷，同至
> 羅亞蘇塞也得會堂聽定得爾談聲學。諦拿妻
> 為之主。首觀電氣三四種，一種制白金線長
> 二尺許以通電氣，激水輪以發之，則白金全
> 體俱紅，火光灼人，輪停，火亦隨熄。一種
> 發電氣圓如月。滿堂煤氣燈照如白晝，電氣
> 一發，如日中天，煤氣燈光頓收，望之才如
> 火點而無焰。最後講引船燈樓激火發聲之理。
> ……西洋博物之學，窮極推求，誠不易及也。

這兒的「羅亞蘇塞也得會堂」即 Royal Society
Hall，皇家學會會堂也；而「定得爾」就是他以前稱
為「定大」的電學開山人法拉第的高足 John Tyndall

——無論是講演的主辦者還是主講人，都足以當一時之選。J. Tyndall 常年致力於向公眾介紹科學知識和研究進展，先後主持過五十多次以乃師法拉第命名的科普演講，三百多次日間報告會以及十二次聖誕節科學報告，場場精彩，這一天的盛況於是也可以想見。他所要展示的，是 1870 年代物理學研究的一個大熱門：用電力發光，而電力的來源，並不是當時一般人所熟悉的電池，而是通過機械運動和磁場的相互作用，「激水輪以發之」而產生出來的感生電流。當郭嵩燾和他的英國科學家朋友們酒足飯飽，走進科學會堂時，天已經全黑了，而「滿堂煤氣燈照如白晝」，這一景象本來已經夠令人印象深刻的了。王韜在十年前，即同治七年（1867 年）春天初到倫敦時，曾由此激發文思，幾乎把英夷番邦描寫成了天堂：

> （倫敦）每夕燈火不專假膏燭，亦以鐵筒貫於各家壁內，收取煤氣，由筒而管，吐達於室。以火引之即燃，朗耀光明，徹宵達曙，較燈燭之光十倍。晚遊寰闤，幾如不夜之天，長明之國。

倫敦 Pall Mall 在 1810 年代後期第一次使用煤氣照明，受到了包括化學大師戴維 (Humphry Davy) 在內的科學家的批評，認為不夠安全，但也引起了民眾的熱烈的興趣。（選自 William Besant, *London in the Nineteenth Century*, 1909）

　　王韜是十九世紀有數的幾個見多識廣的中國人，而煤氣燈竟然把他鎮住，以為到了長明之國，可見其景象之燦爛了。但是在郭嵩燾筆下，煤氣燈直是光焰頓收，「望之才如火點而無焰」，好像是在《封神榜》裡比寶，連小巫見大巫都稱不上了。這時候，知識所產生的力量應該是可以切身感受到的了。大部分人對科學的接受，並不是他們對科學有深入的了解，而是他們對科學所產生出來的結果感

到震驚懾服。即如對西學深惡痛絕的劉錫鴻，對電學的結果也有深刻的印象，也不敢率然表示否定，而其下面一段的最後一句中批評的「中國士大夫」，當是暗指郭嵩燾，蓋當時兩人已成水火矣：

> 電學者，以小筒盛兩金並硫磺水，入銅鐵線於水中，但使其線相接萬千里不斷，則電氣直及萬千里，可以裂金石，碎銅鐵，可以擊人至斃，置之暗室，則其光閃爍，與天上之電無異是也。……此皆英人所謂實學，其於中國聖人之教，則以為空談無用。中國士大夫惑溺其說，往往附和之。

錫鴻對於英國人看不起中國的聖人之教很反感，對電學多少有些藐視，頗為後人譏為無知。細檢我們現在所採取的對科學的態度，其實並不一定比他高明多少。因為大多數人對於科學的接受或崇奉，並不見得真正來自對科學的理解，而是一種對流行文化的囫圇的接受。有多少人真正懂得原子彈氫彈的原理？常人十之八九對此其實是一無所知，但所有的人幾乎都毫無例外地對原子物理懷著敬

意,因為這玩意兒一下子可以要十幾二十萬人的命。不僅據說如此,而且我們知道在五十年前美國人真的如此做了,而且真的要了日本人的命,自然小覷不得。膽敢藐視原子物理的,不是因為他不懂物理學,而是因為他愚蠢到連這麼有名的大事都不知道。這就是一種文化,崇敬科學的文化;雖然不懂,但是崇敬;雖然不能理解,但是總想多少了解一些。光緒三年三月二十八日,張德彝給郭嵩燾送上了兩本洋書,後者鄭重地在日記裡記下:「德在初(張德彝字在初)開示德非陸送來電氣格物書名二種。一曰佛爾格遜電氣學,一曰德沙納拉格物學,……論光學、熱學、電氣、吸鐵石凡四卷。前諦拿婁言電學以弗斯克森為最佳,在初所云佛爾格遜,殆即其人也」。

我想郭嵩燾當時應當沒有能力閱讀理解這些電學論著,但是他在參觀電器廠時的確曾向英方技術人員詢問「電學書」,半年以後又通過留學生覓購這一類科學書籍,並指定要「羅阿得和弗來明金根兩種《電學》和拍爾塞《藏學》」,而這正是當時他在電器廠裡聽來的名目。唯一可以留心的,是徐建寅此時正在上海和傅蘭雅合譯「瑙挨德《電學》」,是

書稍後在光緒五年出版。徐譯電學十卷，第九卷全
講電報，包括 1858 年剛剛鋪設完成的大西洋海底電
纜電報的技術細節。郭所指的「羅阿得」是否就是
徐譯「瑙挨得」當然無法得證，但電學在這些年頗
是吸引了中國吸收西學先進們的注意，當是不爭的
事實。至於張德彝本人，在後來官階升至可以直言
上陳時所寫的少數幾份條陳之一就是論電報電信的
重要。電學於國計民生的重要應用自然是它引人注
目的一個原因，而對郭嵩燾而言，恐怕是在皇家學
會會堂所聞所見更是的確令人震驚難忘。第二天，
他好像很是花了些功夫作了些探討議論：

> ……久坐暢談。英國電學造端於法來里（義
> 案：今譯法拉第），即定得爾所從受業者也。
> 其言以為得吸鐵石一杆，交絡銅線為環，套
> 入吸鐵石則生電氣，不必電氣之所以出也。
> 偶一觸之，電氣隨之而發，一瞬輒過，因此
> 知吸鐵石能生電氣，電氣亦必能為鐵吸力。
> 同時薩喀斯敦因製鐵為長條，用銅線裹以絲，
> 絡其上，引電氣過之，則鐵條力發，亦能吸
> 鐵。其時格致家始察知電氣源於吸鐵石，其

生無窮，而尚未能盡電氣之用。……通計此四十年，電氣行而天地之機緘亦幾發洩無餘矣。

這兒所談論的電磁感應、法拉第的工作、電磁鐵，是格致家所了解的事，郭嵩燾當然完全不明白。但是他能明白的，或者他相信的，是電及其相關的學問，「其生無窮，而尚未能盡電氣之用」。郭嵩燾注意到「中國無字母，仍借西洋字母為用，是以（電報）其勢尚難通行」，但是他對西洋實學的信心卻很是堅強。光緒四年二月初一，在了解到關於電燈的試驗還有一些問題，因此電燈的普及尚自困難，「至今尚未得其法」時，郭嵩燾即預言說，「計一、二十年後，各國皆當用電氣，照路燈無復有用煤氣者矣」。他的這個判斷，建立在過去四十年電學的發展之上，由此而及彼，他自然有信心說電學的將來應該是不可限量的了。

郭嵩燾當然是對的。十五年後，薛福成到了英國，看了泰西郵政，在日記裡寫道：「東至中國、日本，南至新金山，西至美國，雖數萬里外，通傳要信，捷於影響，邇於戶庭。奇妙至此，神乎技矣，

真令人不可思議」。在薛福成的時代，中國人的見聞知識與郭嵩燾時已不可同日而語，而薛福成對電報的讚譽，甚至電報的實際採用，也不再遇到什麼人的認真反對了。我們感興趣的，卻還有更深的一層。國人對電學的信心興趣，由電報的應用而理論，確實說明了從知識物化出來的力量是不可抗拒的。喜歡也好，不喜歡也好，理解也好，不理解也好，非接受不可。但是作為知識本身，尤其是理論知識，除了有直接的應用性效果以外，卻並沒有這麼強大的力量逼使人立即接受不可。至於知識所由產生，所得以成立的科學方法和科學精神，則更遠在一般人的理解想像之外。於是產生了長達一百年的「體用之爭」：我們能不能接過洋人的技術成果為我所用而不改變我們為之驕傲的傳統文化，換言之，我們能不能兼收並蓄，讓洋人的奇巧技藝和古人的深睿哲理兩峰並美，同時燦爛於中華；或者我們必須在魚與熊掌之間作一非此即彼的選擇？這一兩難抉擇的深刻複雜，遠非郭嵩燾、薛福成輩所能想像，也非今日大部分自以為貫通融洽了中西文化的人所假定的那樣已經解決，這種深刻的衝突只不過是被技術的輝煌應用所掩蓋，而問題本身則以一種更加隱

朝鮮事變時駐外使節利用電報中樞請示。（選自《選石齋畫報》，1894 年，丙，七，五十六，金桂畫）

而不露的方式退到了幕後，更不易為人所察覺罷了。

　　1896 年 8 月，李鴻章訪問倫敦郵政總局，當時該局的工作人員已經增至三千人，規模之大，令李中堂「心甚震動」。到承辦外國電信的「他國之院」，局主「瑙馥公爵」請操作員給巴黎柏林發報，頃刻得到回電，令「中堂喜動顏色」。8 月 14 日，也就是離開英國的前一天，李鴻章由其子李經方和譯員

羅稷臣陪同抽空去參觀了連接英法和英美的海底電報。這個羅稷臣就是二十年前給郭嵩燾講解化學的留學英國的學生。英人特請李鴻章向上海試發急電：

> 中堂欣然口授譯員一函，凡六十八字，囑發至上海輪船招商局。……旋為之照碼傳發，時正上午十點二十九分半鐘。甫越二分半鐘，即接印度麥奪蘭思城覆電云：十點三十一分鐘接電，已轉遞上海矣。及十點四十五分半鐘，又接上海電局覆電云：十點四十二分接電，已飛遞盛道臺矣。

在等待上海回電的同時，上海、香港、新加坡、印度等地因為知道李中堂正在倫敦電信局參觀，一時致敬問候電報紛沓而至，確實足以讓中堂大人「喜動顏色」，而上海至倫敦一萬兩千六百多里，往來電函僅花了十二、三分鐘，所謂「一彈指之頃，業已如響斯應」。技術的力量不需要任何解釋，技術的進步也無法抗拒。電報的採用和普及在中國幾乎沒有遭遇任何反對。國人在享受電報帶來的方便快捷時，毫不猶豫地同聲讚頌技術的偉大，但卻很少再費心

追究科學之於文化的意義了。

　　本章寫作參考利用了 George Bartlett Prescott 關於
英國電報事業早年發展的研究（1890 年），Charles
Knight 關於英國 1850~1860 年代郵政管理的報告，
徐振亞、阮慎康關於徐建寅譯著的研究，謹此致謝。

播犁地士母席庵
British Museum
大英博物館

　　技術的力量不需要翻譯和解釋。兩次鴉片戰爭，洋人，特別是英國人的船堅炮利，給中國士大夫留下了深刻的印象。以後接踵而來的內亂外患，大清社稷幾乎不保。承認也好，不承認也好，整個知識階級都感覺到了這個千年不遇的大變局；祖宗的成法，聖賢的教導，都必須面對這一變局。何以治，何以亂，如何富國強兵，如何安內攘外，成了人人關心的大題目。答案很快就找到了，而且簡直是明擺著的：洋人器具精良，非我所敵。從前線潰敗下來的兵勇口中，從朝廷正式刊發的邸報中，這是不爭的事實，郭嵩燾輩早在十年前就知道了。但是現在，在英國親眼目睹，親身感受到火車輪船的便利，電報、電話的快捷，工廠機器的幾乎無窮盡的製造能力，郭嵩燾輩漸漸地走向了下一個層面的問題：

那麼技術的力量又是從何而來的呢？這不是一個容易注意到的問題，當然更不容易回答。

光緒三年二月初九，即 1877 年 3 月 23 日，遊大英博物館。這是英國官方安排的一次歡迎中國大使的正式活動，郭嵩燾、劉錫鴻以及各位幫辦、翻譯官，全數前往，而英國方面也有內政大臣助理、大使，以及諸多官員陪同。前一天，恰有日本人上野景範和西德二郎來中國大使館，晤談之後，才知道西德能說六、七種語言。郭嵩燾當晚在日記中寫道：「東西洋人才之盛，百倍中國，豈國運然耶，抑使人才各盡其用，而遂勃然以興也?」換言之，郭嵩燾想知道，是因為國運通達順暢使人才得以發展呢，還是因為人才各盡其用而使得國運蓬勃興盛。郭大使是帶著這樣的問題走進大英博物館的。

先看藏書，數十萬冊，從羅馬起，「分別各貯一屋，……有專論樂器者，有專為藏書目錄者」，最後走到閱覽室，為一圓屋——

> 四圍藏書六萬卷，中高為圓座，司事者處其中，兩旁為巨案曲抱，凡三。外皆設長橫案，約可容千餘人。每日來此觀書者六七百人，

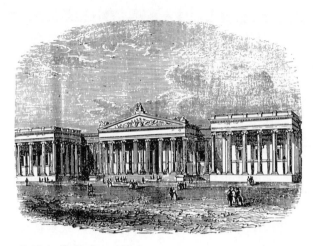

大英博物館外景。（選自 Elisee Reclus, *Londres illustre*, 1865）

　　四圍藏書分三層，下一層皆常用之書，聽人
　　自取往觀，上二層則開具一條授司事者，司
　　事者……分別門類，各向所掌取之。

所謂「司事者」，就是我們今天說的圖書管理員。張
德彝的記錄比郭嵩燾的略為詳細一些：「堂室相連，
重閣疊架，自顛至址，……所藏五大洲輿地歷代書
籍共七萬數千卷，隔架按國分列」。而他所描寫的閱
覽室，是「一大堂，中橫案凳，四面環以鐵闌，男

女觀書者二百餘人，晨入暮歸。書任檢讀但不令攜
去」。

　　一同參觀的劉錫鴻的記錄約略相似：

> 英倫有播犁地士母席庵者，大書院也，……
> 地廣數百畝，結構數百楹，中央堂室連延，
> 重閣疊架，……，據威妥瑪等所指說，大約
> 敘述五大洲輿地，列代戰績者居多，有譯出
> 四子書及注，余皆不辨其文字，故未披閱。
> 後一堂，男女觀書者三百餘人，早入暮歸，
> 堂內之書任其檢讀，但不令攜去。

　　在 1870 年代，大英博物館的確是世罕其匹的。
巴黎的羅浮宮，在書畫和藝術珍品方面或者可言抗
衡，但以綜合博物館而言，英國人有理由傲視同儕。
1753 年 Hans Sloane 勛爵去世，政府利用他的藝術
和古書的收藏，籌建博物館，經安排整理於 1759 年
向公眾開放。到了 1820 年代，舊有的 Montagu 大樓
不敷應用，於是由 Robert Smirke 勛爵重新設計，在
原址建造今館，至 1852 年才全部完工。這座美輪美
奐的大廈是新古典主義建築的傑作，坐落在倫敦中

心的 Bloomsbury 區，向北不遠是倫敦大學，附近還
有皇家戲劇學院、醫學博物館，真正稱得上是人文
薈萃的首選之地。博物館附設的閱覽室，當時造價
高達六萬一千英鎊，遲至 1857 年才竣工，其建築方
案出自 Anthony Panizzi，為 Smirke 所採用。這是一
個別出心裁的設計，整個閱覽室呈圓形，上為高 106
英尺即 32 公尺的半球形圓頂，橫跨直徑 140 英尺的
閱覽室中心區，即郭嵩燾上文所說的「司事者」的
工作場所。從這一中心呈放射形排列十八條書案，
可容三百人閱讀寫作。閱覽室四周的書架分三層，
上兩層猶如大劇院的樓廳，讀者如有索求，圖書管
理員為往取閱，最下一層是八萬多冊常用書，陳放
架上，「聽人自取往觀」，而與閱覽室相連的書庫中，
「重閣疊架」的書架長達 25 英里。這樣的設計，這
樣的規模，這樣的管理，自然令同治光緒朝的中國
學者瞠目結舌。在今天看來，這反應實在是自然的。

　　早在十年前，1868 年，王韜就隨理雅各來過這
間閱覽室，但他的記錄較之郭嵩燾等人的描寫要簡
略得多：閱覽室為一「廣堂，排列几椅，可坐數百
人。几上筆墨具備，四面環以鐵闌。男女觀書者，
日有百數十人，晨入暮歸。書任檢讀，惟不令攜去」。

大英博物館閱覽室內景。（選自 *The Illustrated London News*, 1857 年 5 月 9 日）

　　有趣的是，上文引述的四人都特別注意到，在這一閱覽室中，書籍「聽人自取」，「任其檢讀」，而且每天接待的讀者，數量常在三、五百人。幾天以後，光緒三年二月二十二日，張德彝又有機會參觀

了他稱之為那慎那皮克久嘎拉力，即 National Pic-
ture Gallery 的場所。他注意到人民可以到國家畫苑
學畫：

> 樓高數十間，間間油畫大小百幅，皆前代及
> 當時名人所繪，飾以金邊，懸諸四壁。各間
> 皆有男女摹仿，無不酷肖。……其不禁民來
> 此學畫者，於博物院准人看書意同。

　　所有這些，在中國客人心中引起的震動和困惑
恐怕不亞於 Panizzi 的大圓頂，但他們的困惑在我們
今天看來似乎有些不可解：圖書館當然是供人看書
的地方，讀書人上圖書館，一如商販上市場一樣，
何怪之有？畫苑讓人臨摹，也無特別，何以如此值
得特加記錄？原來，這兒涉及到圖書史籍和知識本
身的社會功用問題。

　　如果不太嚴格地把藏書和圖書館混為一談的
話，中國至少在兩千年前司馬遷的時代就有了圖書
館。我們確實知道，司馬遷撰寫《史記》，很是得益
於他可以利用皇家藏書的特權。換言之，當時的圖
書館只供宮廷史學家使用，而一般的讀書人似乎無

緣於此。中國的藏書，的確常以典籍收藏為目的，而對於流通，則沒有十分清楚的概念。這倒不僅僅是因為「民可使由之，不可使知之」的政治考量，而且也有文化的因素。即使到了明清，私家藏書已經普遍，有些藏書樓的規模也可以和圖書館相提並論，仍然未聞有關於流通的做法。書仍舊是一種珍藏，仍是少數人所享用的特權。正如後來胡屠戶教導他女婿范進時所說的，一旦進了學，就要和一般的平頭百姓，做田的、扒糞的，區別開來。書這種尊貴高尚的東西，一旦落入販夫走卒手中，豈不是壞了學校的規矩？

為什麼呢？因為這些人沒有受過系統的教育，對於何者為正，何者為邪，沒有充分的判斷能力，所以難免誤解書上的道理，甚至被誤導，對他們自己和對國家社會都可能產生不好的後果。劉錫鴻看完大英博物館閱覽室時有一段評論，有助於我們理解這一問題：

> 我朝四庫，搜羅皆有關學問政治之要，至精至粹，足式萬邦。今英人自矜其藏書八十萬卷，目錄亦六千卷之多，……其琳琅滿目，

得毋有擇焉而不精者乎?

　　他的意思是,英國人兼收並蓄,數量雖多但沒
有達到藏書的目的,所以不如八十多年前乾隆朝編
輯纂修的四庫全書。乾隆在位時正值有清國運鼎隆,
文治武功無不輝煌百代,乃仿釋道兩家,把儒家經
書典籍校勘彙總。自 1760 年代起,出皇家宮廷藏書,
又組織學養深厚的學者搜集編輯散見於《永樂大典》
以及其他私家著作中的古書佚文,恢復原書面貌,
又在全國範圍內飭令各地官僚廣泛徵收採進,鼓勵
藏書家獻出所藏珍本,凡十年,得書萬餘種。於是
建四庫館,擇學問淹博、文字通達的學者充任館臣,
校讎版本考究文字,是正訛謬,去取褒貶,得三千
五百餘種,按經史子集的傳統分類法,編成我國有
史以來最大的叢書,是為《四庫全書》。

　　乾隆編輯《四庫全書》的目的,據他自己說是
「稽古右文」。但在編輯過程中,屢興文字獄,對於
與當時政治不合的「違礙文字」確實是極盡掃蕩鏟
除之能事,在所得萬餘種書籍中,僅三分之一被採
納,這當然很難說是稽古右文。可是劉錫鴻認為,
這些所收錄的,正是「有關學問政治之要,至精至

粹」，所以比洋人的求多求全，精蕪雜陳來得好。乾隆的做法，是要通過這一甄選，告訴士人哪些是好書，可讀，哪些是壞書，不可讀，從而樹立好的學問的形象，規範讀書人的思想，從而完善文治。無怪乎在我們可以看見的早期關於大英博物館的文字中，人人認為書籍「任其檢讀」是一件很可駭異的事了。

說實在的，博物館的閱覽室除了碩大無朋的圓頂和書籍任人檢讀之外，不遠萬里從中國來的客人們的確看不出什麼別的門道了。且不論文化背景的深刻差異，單是劉錫鴻說的「不辨其文字」，就幾乎是不可逾越的障礙。好在轉出閱覽室，郭大使一行馬上被介紹到器物展覽館，這就容易多了。先看古器竹木，鳥獸蟲魚螺蚌，古磁陶瓦，「獸骨高丈餘」，各種植物化石，「皆《爾雅》所不載，西洋自為之名」。又有各國畫圖珍玩，動植物標本，各國所用什物兵器。但展覽館如此之大，展品如此之多，中國客人看了三個多鐘頭，仍然「未能遍遊。每至一院，亦但瀏覽及之」。

郭嵩燾這一天的日記特別詳細，長達兩千五百多字。他尤其留心提到的，是這樣一個博物館，「縱

民人入觀，以資其考覽。博文稽古之士，亦可於所藏各古器，考知其年代遠近，與其物流傳本末，以知其所出之地。而所藏遍及四大部洲，巨石古鐘，不憚數萬里致之。魄力之大，亦實他國所不能及也」。稱讚羨慕之情溢於言表。郭大使的這一類言行常被指為媚外，他以後將為此付出很重的代價，險些被當作漢奸。他的翻譯官張德彝很小心地同意了郭大使的讚譽，陪同參觀後，他在日記中寫道：「夫英之為此，非令人觀看以悅目怡情也。該人限於方域，阻於時代，……見聞不能追及千古」。

副使劉錫鴻的記錄和感想稍有不同，似乎更多地顧及了中國的傳統和體面：

> 舉凡天地間所有之鳥獸鱗介，草木穀果，山川之精英，淵叢之怪異，《博物志》所不及載，《珍玩考》所不及辨，《格古論》所不及詳，莫不雲布星陳，各呈其本然之體質。……夫英之為此，非徒誇其富有也。凡人限於方域，阻於時代，足跡不能遍及五洲，耳目不能追及前古，雖讀書知有是物是名，究未得一睹形象，知之非真。……今博採旁搜，綜萬匯

而悉備之一廬，……放門縱令百姓男女往觀，
所以佐讀書之不逮，而廣其識也。英人之多
方求洗荒陋如此。

劉的這段話其實很值得玩味。「英人之多方求洗
荒陋如此」，這到底是貶還是褒真讓人一時說不上
來。英人荒陋，固不待言，但荒陋如英人者竟能以
如此的努力擺脫其荒陋的一面，力爭上游，應當不
是可恥的事。細看上文的敘述，劉錫鴻對洋人的既
鄙薄又敬畏的矛盾心情，躍然紙上。僅僅五年前，
劉錫鴻曾宣揚養兵無益，洋炮輪船不足學造，被王
湘綺稱讚為「持論甚嚴」；兩、三年前，即同治十二、
十三年間，在關於「籌辦海防」的討論中，他又反
對廣泛普及機器，因為「募人學習機器，輾轉相教，
機器必滿天下，其以此與官軍對壘者，恐不待滋事
之洋匪也」，「故仁義忠信可遍令人習之，機巧軍械
萬不可令人習之也」。他的意思是說，知識不能隨便
普及；萬一一般老百姓掌握了知識，可能為刁民所
用，和官府對抗，所以不如不讓他們知道來得好。
到了英國，看了現代科學技術文化發明以後，他的
想法似乎有些鬆動，覺得大英博物館開門「縱令百

姓男女往觀，所以佐讀書之不逮，而廣其識」，也是洗滌荒陋的一個辦法。案錫鴻常有行為委瑣，思想頑冥，言論保守之名，而竟然終究無法完全否認洋人的做法，這是件很有意思的事。細看他對博物館，連同他關於火車、電報乃至聲光電化之類的實學的評論，可以發現一個有趣的論說邏輯：大英博物館果然不錯，閱覽室也可讓人增廣見識，但是這實在不是什麼可以嚇死人的東西，充其量不過是英人「求洗荒陋」而已。這或者可稱為是一種「退兩步進一步」的招架戰術，比起他國內的同志如倭仁之流洋洋灑灑動輒萬言的議論，錫鴻實在說不上是理直氣壯。

錫鴻是身不由己。他的想法受他的文化背景和哲學信念的約束，他的眼睛卻不受他的想法的約束。事實的力量實際上很難抗拒；或者說，事實會以一種不可抗拒的力量來逼迫人承認他們所看見的東西。日日夜夜所聞所見，不斷刷新和改變這些去國萬里，深入異域的人們的想法和觀念。

光緒三年三月二十六日郭嵩燾一行參觀Kinsington博物院。在各國建築館中，古今中外亭廈塔閣，「奇麗宏壯」，不可勝述。尤其是一張巨幅壁畫，

盡收各國的高樓，「以禮拜堂為最」，繪製輝煌，讓
郭大使大開眼界，真覺得天外有天：「倫敦已有高至
五十丈者，南京琉璃報恩塔，其高得半而已」。同年
四月十九日又參觀 Kings College 的博物館，遍觀其
藏書、礦物標本和生物化石。主持人還進一步告訴
郭大使，大英博物館所藏更多，而且「其所藏歲有
增加，每年添置各種以十餘萬鎊為率，收藏安得不
富？」然後是金銀珍寶、玩具、樂器、兵器，乃至錯
繡針黹，迫於時間有限，郭大使僅僅是略為流覽而
已。最後到「畫院」，有展覽，有教習，有男女學員，
「各以其全神注之，……曲盡其妙」。郭大使了解到，
像這樣的一個博物館，歲銷約二百萬鎊，而單單畫
院就要花費三十萬鎊。大使感嘆說：「西洋專以教養
人才為急務，安得不日盛一日？」

　　人才，人才，在郭嵩燾看來，什麼是人才，怎
樣的人才才能使國家富強人民幸福呢？就在這一年
的十一月，他提到了「意國之格力里渥」，今譯伽里
略：

　　　　懸鐘用擺，始於意國之格力里渥，即百年前
　　　　精通天文之學者也。偶至一禮拜堂，見懸燈

為風所揚，擺動遲速，或遠或近，……而其
遲速以繩之長短為準，……是以引繩定分秒，
而可以知長短尺寸之度。……皆以一心運之
而有餘，西洋機器，出鬼入神，其源皆自推
算始也。

在科學史上，這個關於伽里略與鐘擺的故事和
牛頓與蘋果的故事同樣有名。郭嵩燾駐節倫敦，日
與馬格里輩聚談，聽說過這一奇譚並不令人意外。
可以留心的倒是，在談論伽里略時，嵩燾竟一語中
的地說出洋人的出鬼入神，「其源皆自推算始」，這
有些讓人吃驚。十幾天後，在日記中他又更詳細地
讓我們了解到他對西洋科學進程和人才的看法：

英國講實學者，肇自比耕。始之，歐洲文字
起於羅馬而盛於希臘，西土言學問皆宗之。
比耕亦學刺丁希臘之學，久之悟其所學皆虛
也，無適於實用，始講求格物致知之說，名
之曰新學。當時亦無甚信從者。同時言天文
有格力里渥，亦創為新說，謂日不動而地繞
之以動。……而天文士紐登生於一千六百四

十二年，與格力里渥之卒同時。……歐洲各
國日趨於富強，推求其源，皆學問考核之功
也。

　　這兒說的比耕即培根，說他是英國實驗科學鼻
祖，當稱精當。雖然下文把希臘羅馬的時間先後說
顛倒了，並把哥白尼誤記為伽里略，但科學革命的
線索和意義竟然是具體而微了。十六世紀中葉，我
們今天稱之為科學的東西在西洋文化中開始萌芽發
展。哥白尼的日心說常被說成是這一進程的石破天
驚的起點。我們現在知道，他主要得力於阿拉伯天
文學的一些成果和他的數學造詣。丹麥人第谷的觀
測資料幫助了開普勒對行星運動的研究，使他修正
了哥白尼的學說，得出了與觀測一致的結果。為了
說明這種運動，伽里略、笛卡爾，以及牛頓最終不
得不引進了一個叫做「力」的奇怪的假定，建立了
我們今天說的經典力學。在這一歷時一個半世紀的
科學革命中，科學並沒有顯示任何的實用性。當時
的學者研究科學，主要是為了理解宇宙的祕密；而
理解宇宙的祕密，是為了理解上帝。當時普遍認為，
上帝通過兩條途徑展示他的無所不能和無所不在：

一是文字的啟示，即《聖經》所傳達的消息，二是工作的啟示，即他所創造出來的宇宙所表達的井然的秩序。從文藝復興後期到科學革命時代，學者孜孜然於 the Book of Word 和 the Book of Work，就是相信通過這樣的研究，我們可以理解上帝；而通過理解上帝，我們可以最終地走進他的王國。當郭嵩燾從洋人那兒聽見這些實學鼻祖的大名時，他一定自然而然地肅然起敬。他當然沒有可能了解到，這些偉大人物在研究力學時，關心的不是人的肌肉，而是人的靈魂。

一個星期以後，郭嵩燾得讀張力臣《蠡測卮言》，又見到一例實學有益於實用的故事。有感而發，他寫道：「明季英人吉利巴始悟電氣，……嗣是迭相祖述，電學大著。至道光時英人……始創設電報」。他隨即以舉一反三的方式，考察了中國和日本的維新道路，然後自問自答道：「國之富強豈有常哉？惟人才勝而諸事具舉，日新月盛，不自知耳」。這正印證了他在二月二十九日在皇家學院看化學表演以後對英國的感想：「此邦學問日新不已，實因勤求而樂施以告人，鼓舞振興，使人不倦，可謂難矣」。

中國傳統文化對於書籍學問，側重其社會功用。

但是這兒所謂的社會功用，在西洋實學傳入以前，
卻有特定的說法。讀書首先是為了明理，然後是「學
而優則仕」，出將入相，為國為民為社會做些好事。
一言以蔽之，讀書是為了用，或者修身養性，或者
治國安邦，從而可以不朽；做了一肚子沒有用的學
問，在我們中國人看來，是最可笑的。由此出發，
在中國文化中，純知識或為知識而知識的玩意兒，
就沒有容身之地。這是我們文化中延綿持續，經久
不絕的一個基本信念。即便在光緒年出洋，親眼看
見維多利亞時代的科學技術，以及由此而創造出來
的奇蹟的中國人當中，多數還是從「實用」這一角
度理解和讚揚洋人這套聲光電化的。張德彝或者可
以看作是一個典型的代表。他在日記中總結說：

> 按英國以天文，地理，電學，火學，氣學，
> 光學，化學，重學等為實學。雖云彼之實學
> 皆雜技之小者，其用可由小至大。如有天文
> 知日月五星距地之遠近，行動之遲速，日月
> 合璧，日月交食，彗星雜星何時伏見，以及
> 風雲雷雨何所由來。由地理知萬物之由生，
> 山水之遠近，邦國之多寡。由電學知天地間

> 何物生電，何物可以防電。……由化學重學
> 辨五金之氣，識珍寶之苗，知水火之力，因
> 而創火機，製輪船火車以省人力，日行千里，
> 工比萬人，穿山航海，掘地挖河，陶冶製造，
> 以及耕織，……外國不講風水，知日進者國
> 富兵強，能努力實學者已豪富家昌。

在他看來，實學的好處在於有用，有實用。這
其實和我們的傳統看法相去並不遠。但是反過來，
如果有什麼學問不能證明其在現實中的實用價值，
那麼這種學問，如果還可以稱作學問的話，就沒有
價值。不必真正去做學究式的考證，我們先前在討
論天文時曾提到過，就在八百多年前，中國文化鼎
盛的宋代，歐陽修、司馬光、王安石，以及幾乎整
個知識階層，就因為關於天象的研究不能為國家社
會提供任何有意義的貢獻，從而不約而同地拒絕了
對天體運動的研究。他們的政見可以完全對立，他
們對於怎樣富國強兵可以有完全不同的政策，但他
們在拒絕無助於治國安邦的任何沒有實用價值的關
於天象的知識這一點上是完全一致的；所可以理解
接受的，只是有關授時制曆的那一小部分。張德彝

稱讚、服膺、宣揚實學，並非因為他的見解比歐陽、司馬高多少，而是因為他有機會親眼目睹了這些學問在社會生活中所表現出來的巨大物質力量，正好而且僅僅是在這一意義上，他認為實學是有用的好東西。

要張德彝、劉錫鴻去理解科學啟迪人民智慧、規範社會生活的文化意義，當然是苛求。後來嚴復倒是很留意這一點。他的《天演論》，與其說是在介紹達爾文，不如說是在發揮他所理解的社會進化論，至於其他幾部嚴譯名著，則更明白地提示了他的啟蒙運動的取向，只是在當時的中國，曲高和寡；而大家對西學的理解仍舊走了實學的路子，一窩蜂地研究聲光電化，對於科學的文化意義，仍舊不甚了然。其實平心而論，即使在今天，知識的實用性在我們大部分人作去取褒貶的考慮時，仍然是一個主要的甚至是唯一的考量。

本章寫作時參考了 *Illustrated London News*，1857年 5 月 9 日介紹新建的大英博物館閱覽室的新聞報導。

結　語

　　無庸諱言，這個我們現在稱作科學的怪物是西洋文化的產物。希臘哲學之於所謂的科學精神，對上帝的追求之於早期天文學的發展，影響深刻久遠；中世紀神學對信仰的執著和對理性的訴求，翻譯運動所帶來的阿拉伯世界在兩、三個世紀裡積累起來的知識，文藝復興所掀起的對人體和世俗生活的興趣，匯聚在一起形成了科學革命；而科學革命所造就的探索方法和研究規範，連同科學本身，又和以後的資本主義經濟相得益彰，構成了現代生活的主幹。科學成長的每一步，無不和西洋哲學、宗教、歷史、經濟密切相連，就像草木植根土壤，與大地密切相連，不可須臾或分一樣。

　　斌椿、王韜、郭嵩燾、張德彝、劉錫鴻在 1870 年前後看見的科學，是一棵已經生長了兩百多年的盤根錯節的大樹。他們首先注意到的，是枝葉茂盛花果奇異；他們很難，或許根本沒有可能去了解這

十九世紀中葉英國人想像之中科學向中國傳播的情形。(選自 *Punch,* 1853 年 9 月 3 日)

棵參天大樹當年是怎樣由一小顆樹籽萌發，破土而出，怎樣生長枝幹，怎樣沐浴春雨，怎樣抵禦寒風。他們看見的，是一棵已經長成的大樹。這是中國人最初見到科學時的情形。

　　中國人最初接觸所謂的現代科學的這一歷史背景對於科學向中國文化的傳播擴散過程有深刻而且是清晰可見的影響。中國人首先看見的，是奇花異果。像所有深入未知地域的探險者一樣，這些最初訪問英國，接觸維多利亞科學的中國人首先做的，

張德彝回國時攜帶的兩百多本洋書「奉指存書庫，備充公用」。（選自《點石齋畫報》，戊，八，五十九，金蟾畫）

是獵奇。科學觀念是作為海外奇譚而記錄下來的，科學成果及其應用則如同阿里巴巴山洞中的珍寶，閃耀著奇異的光彩，雜亂無章，紛然雜陳，在他們的日記裡令人目不暇接。天不動地動的奇譚、致人生病的炭氣、因光照而旋轉如飛的雲母片、燦爛的光譜、遙遠的恆星、珍奇禽獸、淫巧機械，在我們所看見的記錄中占了一個主要的部分。但是，1870

年前後在倫敦街頭漫步的，畢竟不是為了消遣而走出家門的旅遊者，而是身負國家民族重託的知識精英，所以他們對有利國計民生的東西又投以特別的興趣，特別關注具有實用價值的科學成果以及由此發展出來的技術。數學之於建造，化學之於養生，電學之於發光照明，電話電報，火車輪船，無不一一詳加採錄，這較之獵奇又是大大地向前一步了。

但是科學並不僅僅是一堆新奇的玩意兒，不僅僅是一些孤立的結果和結論。科學有其獨立的體系，有其系統的結構。要了解這一點就不容易了。在我們看見的關於科學和科學觀念的文字中，對科學比較完整的討論相對說來比較少見。郭嵩燾對西學最少抵觸，對新知識常孜孜然，在他的日記中於是還有幾處可看。天下元素共六十四品，分若干類；太陽系是怎麼回事兒；英國實學起於何人何時，後來又如何發展；諸如此類。但是正如郭嵩燾自己多次感嘆的，他對於此類學問，完全無法知曉。究其原因，他自己說的年老事繁當然是一方面，但真正的困難常在於他的整個認知結構和知識體系與現代科學全不相容。值得留心的是，郭的這一類知識，常來自羅稷臣、嚴又陵輩的介紹，也就是來自在年齒

上比他小一輩，但完整系統地接受過西洋科學教育的留學生。郭嵩燾是想要超越大部分人對科學所作的只見奇花異果的獵奇式的考察，但要真正看清楚整棵大樹，弄清枝幹的來龍去脈，沒有系統的學習，是不可能的。

　　至於所謂的科學精神，是西洋科學的精髓所在，就更不容易理解洞察了。上帝和先驗的理性、邏輯、心物二分和自然規律的觀念，絕不可能通過短短幾年的培養就可以從西洋完好地移植到溫濕水土決不相類似的中國文化中來。好學如郭嵩燾也好，敏銳如張德彝也好，對科學精神都稱蒙昧。即使受過系統訓練的羅稷臣輩，也仍懵然於斯，唯有嚴復，深思高舉，頗有意於此。三十年後他的翻譯陸續出版，但是毫無準備的中國思想界，對於嚴譯西學的讚賞，仍在他的文筆，追幽鑿險，直逼古人而已。稍後革命軍興，國人關注的重點也轉移到更加急迫的社會危機，而如西洋緊接科學革命後的啟蒙運動，在中國則始終未能健全發育。這種科學精神，是西洋科學和文化之間的紐帶，是科學深深植入西洋文化的根本，一如前述，是西洋哲學宗教人文歷史的共同基礎。惟其與西洋文化聯繫的深刻和緊密，這種精

神也就特別不容易被他種文化理解採納消化吸收。要郭嵩燾輩看到這一點，自是苛求；即使在一百五十年後的今天，這一精神對於中國文化說來在很大程度上仍舊是一個外在。

　　所以中國文化對於西洋科學及其觀念的反應，有獵取其個別成果、接受其系統知識，和理解其文化內涵三個層面。這三個層面在程度上有深淺，在發生時序上有先後，而且相互關係非常複雜。簡略地說，這三個層面的反應常不是嚴格地依次發生的，而是縱橫交錯，疊加替代；也不是一蹴而就完成的，而是往復跌宕，漸次更新的。而科學作為技藝、作為知識、作為文化向中國文化傳播擴散的形式和過程，也常因人，因學科，因時代而異。好騖新奇常為人情所不免，所以在傳播過程中這一步常表現得最為自然；其次是技術和工業，作為物化了的科學，為國計民生所要求，其傳播擴散勢不可擋；至於科學觀念以及與之相連的文化，則精深微妙不易理解把握，因而其傳播過程也最曲折複雜，而細致的研究，實在不是這本小書所能承擔的了。

致　謝

普林斯頓大學圖書館惠予借閱查檢圖書的便利，哈佛大學馬天天小姐，匹茲堡大學張海惠小姐幫助查找資料，謹此致謝。

文明叢書 1

蠻子、漢人與羌族

王明珂／著

在中國西南的溝寨裡，羌人世代生息；傳說他們是大禹的子孫，也有人說日本人正是羌族的後代。歷史的多舛，帶來認同的曲折，作者從第一手的田野經驗出發，帶您探索羌族族群建構的旅程，讓您重新認識這群純樸的邊疆朋友。

文明叢書 2

粥的歷史

陳元朋／著

一碗粥，可能是都會男女的時髦夜點，也可能是異國遊子的依依鄉愁；可以讓窮人裹腹、豪門鬥富，也可以是文人的清雅珍味、養生良品。一碗粥裡面有多少的歷史？喝粥，純粹是為口腹之慾，或是文化的投射？粥之清是味道上的淡薄，還是心境上的淡泊？吃粥的養生之道何在？且看小小一碗粥裡藏有多大的學問。

文明叢書 3
佛教與素食

康樂／著

雖說「酒肉穿腸過，佛祖心中留」，但是當印度的素食觀傳入中國變成全面的禁斷酒肉，肉食由傳統祭祀中重要的一環，反成為不潔的象徵。從原始佛教的不殺生到中國僧侶的茹素，此一演變的種種關鍵為何？又是什麼樣的力量左右了這一切？

文明叢書 4
慈悲清淨
——佛教與中古社會生活

劉淑芬／著

你知道嗎？早在西元六世紀的中國，就已經出現了有如今日「慈濟功德會」一樣的民間團體。他們本著「夫釋教者，以清淨為基，慈悲為主」的理念，施濟於貧困中的老百姓，一如當代的「慈濟人」。透過細膩的歷史索隱，本書將帶您走入中古社會的佛教世界，探訪這一道當時百姓心中的聖潔曙光。

文明叢書 5

疾病終結者
——中國早期的道教醫學

林富士／著

金爐煉丹，煉出了孫悟空的火眼金睛，也創造了中國傳統社會特有的道教醫理。從修身道士到救世良醫，從煉丹養生到治病救疾，從調和陰陽的房中術到長生不老、羽化升仙的追求，道教醫學看似神秘，卻是中國人疾病觀與身體觀的重要根源。

文明叢書 6

公主之死
——你所不知道的中國法律史

李貞德／著

丈夫不忠、家庭暴力、流產傷逝——一個女人的婚姻悲劇，牽扯出一場兩性地位的法律論戰。女性如何能夠訴諸法律保護自己？一心要為小姑討回公道的太后，面對服膺儒家「男尊女卑」觀念的臣子，她是否可以力挽狂瀾，為女性爭一口氣？

文明叢書 7

流浪的君子
——孔子的最後二十年

王健文／著

周遊列國的旅行其實是一種流浪，流浪者唯一的居所是他心中的夢想。這一場「逐夢之旅」，面對現實世界的近逼、理想和現實的極大落差，注定了真誠的夢想家必須永遠和時代對抗；顛沛流離，是流浪者命定的生命情調。

文明叢書 8

海客述奇
——中國人眼中的維多利亞科學

吳以義／著

毓阿羅奇格爾家定司、羅亞爾阿伯色爾法多里……，這些文字究竟代表的是什麼意思—是人名？是地名？還是中國古老的咒語？本書以清末讀書人的觀點，為您剖析維多利亞科學這隻洪水猛獸，對當時沉睡的中國巨龍所帶來的衝擊與震撼！

文明叢書 9

女性密碼
——女書田野調查日記

姜　葳／著

你能想像世界上有一個地方，男人和女人竟然使用不同的文字嗎？湖南江永就是這樣的地方。與漢字迥然不同的文字符號，在婦女間流傳，女人的喜怒哀樂在字裡行間娓娓道來，建立一個男人無從進入的世界。歡迎來到女性私密的文字花園。